한국경제의 대안,

왜 네트워크 마케팅인가?

한국경제의 대안,

왜 네트워크 마케팅인가?

네트워크 마케팅 업계 강의 10년을 정리하면서

이영권 지음

아름다운사회
Beautiful Society

네트워크마케팅이 진화하고 있다

'진실'을 말하고 행하고 생각하는 사람은 자신이 진실과 얼마나 멀리 떨어져 있는지 알 수 있다. 하지만 한번 오해의 골이 깊어진 사람은 자신이 진실을 외면한다는 사실을 깨닫지 못하는 것은 물론, 스스로 진실을 짓밟고 만다. 탓에 부단한 노력과 인내에도 오해의 바닥을 들어내고 그것을 진실로 뒤집기가 참 어렵다. 이러한 경향 때문에 네트워크마케팅은 새롭게 떠오르는 비즈니스임에도 여전히 오해의 뭇매를 맞고 있다. 그래도 진실은 진실이고 오해는 오해다.

사실 네트워크마케팅은 이미 비즈니스계에서 자기 영역을 확실히 다진 상태다. 그럼에도 오해의 굴레를 벗어던지지 못하는 사람들은 아직도 이렇게 말한다.

"아, 그거! 나도 알아요. 그렇지만 별로 하고 싶지 않아요."

혹시 현재 수십만 명의 전문가가 네트워크마케팅을 새롭게 발견하고 연구 중에 있음을 알고 있는가. 사람들의 전반적인 이해 부족으로 네트워크마케팅 사업이 많은 논란을 불러일으키던 과거를 생각하면 이것은 엄청난 발전이라고 할 수 있다.

그래도 사람의 인식이라는 것이 하루아침에 뚝딱 바뀌는 것이 아닌 터라 오해의 불씨는 여전히 살아 있다. 대표적으로 네트워크마케팅을 겨우 불법만 면한 피라미드로 판단해 순진한 사람들의 재산을 약탈하는 사업으로 곡해하는 사람들이 있다. 또한 피라미드의 꼭대기에 있는 사람만 돈을 벌고 막차를 탄 사람은 왕창 털리는, 즉 소수를 위한 '벼락부자 되기' 게임에 지나지 않는다고 비난하는 사람들도 있다.

하지만 현실은 이러한 인식과 정반대로 나아가고 있다. 예를 들면 전 세계적인 경제지 〈포춘〉이 선정한 500대 기업 중에서 네트워크마케팅 부서를 신설하거나 네트워크 방식의 신생기업에 자사제품을 납품하는 기업이 갈수록 증가하고 있다. 현재 시티뱅크, MCI, IBM, 도요타, 제록스, 텍사스인스트루먼트(Texas Instruments), 제너럴모터스, 크라이슬러, 포드, 제너럴일렉트릭, 질레트, 콜게이트, 월풀, 핫포인트, 코카콜라 등 많은 회사가 네트워크마케팅 방식으로 제품을 유통시키고 있으며 네스케이프, 오라클을 비롯해 일부 신생기업이 이 유통 방식을 지향하고 있다.

정확한 내막을 알아보고 나서 거부를 하는 것은 충분히 이해할 만하다. 하지만 제대로 파악해 보지도 않고 강한 편견에 사로잡혀 무조건 거부 반응을 보이는 것은 인생에 민폐를 끼치는 것이나 마찬가지다. 스스로에게 현실 세계에 던져진 새로운 경향을 알아볼 기회조차 주지 않는 것이기 때문이다. 옛날 어른들은 강한 아집에 사로잡혀 진실을 외면하는 사람을 보면 흔히 혀를 끌끌 차면서 '딱한 사람'이라는 표현을 썼다.

나도 가끔 그런 사람을 만나곤 한다. 그래서 그 딱한 사람들을 한 명이라도 건져보고자 이 책을 쓰게 되었다. 이번 기회에 네트워크마케팅에 대한 부정적인 견해, 이 사업의 장단점 등에 대해 스스로 공부하고 조사해 봄으로써 뜬소문이 아니라 사실에 입각한 판단을 내렸으면 하는 바람이다.

네트워크마케팅은 이미 선진국에서 전문직의 하나로 빠르게 자리를 잡아가고 있다. 그 이유는 네트워크마케팅이 행복한 삶의 요소를 두루 갖춘 균형 잡힌 라이프스타일을 유지하면서 엄청난 부와 잉여수입을 얻을 수 있는 유일한 사업이기 때문이다.

네트워크마케팅은 구전광고를 통해 노력의 복제에서 발생하는 힘을 이용하는 유통 방식이다. 좀 더 구체적으로 말하면 소수의 판매원이 다량의 제품과 서비스를 판매하는 전통적인 마케팅과 달리, 다수의 사업자와 소비자가 소량의 제품과 서비스를 판매한다. 또한 전통적인 일차원적 지불 방식이 아니라 사업자들에게 다차원적으로 보상을 제시하는 직접판매의 한 형태다. 무엇보다 전통적인 사업이 안겨주는 불안정으로 미래가 불투명한 이 시대에 평범한 사람이 소액을 투자해 끈기와 결단으로 엄청난 재정적 보상과 자유를 얻을 수 있는 시스템이다.

네트워크마케팅은 선진국에서 상당히 오랜 기간에 걸쳐 발전해 왔고 그 출발은 일대일 직접판매를 중심으로 하는 재택사업이었다. 물론 지금도 재택사업으로 진행되고 있지만 소량의 제품과 서비스를 전달하는 사업자 그룹을 구축하는 데 보다 더 초점을 맞추고 있다.

사실 모든 것을 집에서 할 수 있다는 것은 엄청난 이점이다. 실제로 컴퓨터, 인터넷, 전자우편, 휴대전화, 팩스, 오디오, 비디오, CD, DVD 등 다양한 전자매체가 발달하면서 첨단을 최대한 수용하는 직접판매 종사자의 75퍼센트가 집에서 사업을 진행하고 있다. 교육사업이라는 특성에 걸맞게 다양한 첨단기술을 활용해 최신식 사업의 틀을 구축해 나가는 것이다.

이러한 첨단기술은 주로 제품 전달보다 예상고객을 교육하는 도구로 활용된다. 특히 네트워크마케팅이 한층 더 발전하고 성숙해진 지금은 사업자들이 이 사업의 기본 정신, 즉 개인적인 인간관계를 구축하는 일에 더욱 중점을 두고 있다. 그 이유는 개인적인 접촉 대상이 많을수록 사업이 더욱 탄탄하게 진행되기 때문이다.

네트워크마케팅은 여러분이 이 사업에 동참하는 여러 사업가와 개인적으로 친분을 맺고 탄탄한 평생 사업체를 구축함으로써 진행된다. 그런 의미에서 이 사업을 네트워크마케팅, 네트워크 유통, 소개 마케팅 등 무엇으로 부르든 그 본질은 '인간관계 마케팅'이라고 할 수 있다.

당연한 얘기지만 사람들은 보통 윤리성과 리더십을 갖춘 리더와 함께 일하기를 바란다. 특히 네트워크마케팅에서는 사업자가 장기적으로 한 회사에 헌신할 때 그 진정한 힘을 발견하고 혜택을 받을 수 있다. 반면 이 회사에서 저 회사로 자주 옮겨 다니는 사업자가 많으면 네트워크마케팅에 대한 평판이 전반적으로 나빠진다.

네트워크마케팅은 이미 기반이 다져진 유통 방식이며 이를 토대로 앞으로는 더욱 안정적으로 발전할 것이다. 그러한 성장 과정에서 최후의 승자로 남으려면 그룹 구성원과 지속적으로 장기적인 인간관계를 형성해 나가야 한다. 다시 한 번 강조하지만 그 이유는 이 사업의 본질이 인간관계 마케팅이기 때문이다. 사람이든 사물이든 일이든 본질을 알고 그 본질에 충실하면 원하는 것을 얻게 마련이다.

이 책이 메마른 삶에 기름 한 방울을 떨어뜨리는 기폭제가 되었으면 한다.

네트워크 마케팅 업계 강의 10년을 정리하면서

이영권 지음

Contents 차례

한국경제의 **대안,**

왜 네트워크 마케팅인가?

네트워크 마케팅 업계 강의 10년을 정리하면서

한국 경제의 대안

왜 네트워크 마케팅인가

1

맷집도
깡도 없는 사람이
현실 돌아보기

한국 경제의 대안
Network Maketing

맷집도 깡도 없는 사람이
현실 돌아보기

고민 없는 사람은 이미 죽은 것이나 다름없다는 말도 있지만, 요즘에는 아무리 머릿속을 틀어막아도 끝없이 파고드는 고민이라는 녀석이 참 얄밉다. 뭐니 뭐니 해도 가장 큰 고민은 '잘 먹고 잘 살려면 어떻게 해야 하는 가' 라는 것이다. 그만큼 미래가 불투명하고 불안하게 다가오기 때문이다.

정말 어떻게 살아야 현명한 것일까?

팽 당하면 땅만 치지 말고
다른 기회를 찾아라

사람들이 호구지책으로 가장 먼저 생각하고 또한 가장 많이 선택하는 것은 바로 '직장생활' 이다. 문제는 정년 퇴직하는 사람이 존경스럽고 부러울 정도로 직장생활에도 부익부빈익빈 현상이 파고들어 준비되지 않은 사람들을 낙엽처럼 쓸어낸다는 데 있다.

사실 예전에는 여러 사람이 일을 해서 돈을 벌었으나, 요즘에는 사회가 소위 일당백이라는 말처럼 한 명이 벌어 수십만 명을 먹여 살리는 구조로 나아가고 있다. 나머지는 그냥 그럭저럭 버틸 뿐이다. 이러한 환경은 준비된 사람에게는 그야말로 지상낙원이지만, 그 반대의 사람에게는 지옥이 따로 없다.

오늘날에는 누구도 '안정' 에 안주하기 어렵고 사장이든 부장이든 과장이든 아무 때고 옷을 벗겨버리는 것을 구조조정이라고 한다. 외환위기 이전까지만 해도 상승 구도로만 달려왔던 한국에는 구조조정이라는 말이 없었지만 미국에는 이미 수십 년 전부터 리스트럭처링 (Restructuring), 즉 구조조정이라는 말이 있었다. 그처럼 뿌리가 깊은 탓인지 미국뿐 아니라 선진국에서는 이미 구조조정이 일상적으로 일어나고 있다.

그렇다면 잘나가는 나라에서 구조조정이 일상화한 이유는 무엇일까? 바로 실력 없는 사람은 경쟁력이 뒤떨어지기 때문이다. 예를 들어 여러분이 회사의 주인이라고 해보자. 갑자기 경쟁기업이 나타날 경우 여러분은 할 수 없이 경쟁을 해서 이겨야 살아남을 수 있다. 그래서 살아보겠다고 기를 쓰는데 실력 없는 종업원이 받쳐주지 못하면 그들을 어떻게 할 것 같은가. 기업이 침몰까지는 아니더라도 최소한 손해를 볼 것이 뻔한데 그들을 그냥 유지할 것 같은가, 아니면 서둘러 물갈이를 해서 경쟁력을 키울 것 같은가. 앞서가려면 인재가 필요하다는 것은 당연지사고 그러려면 과감해질 수밖에 없다.

이게 현실이다. 자기 위치에 그냥 박혀 있는 것이 곧

침몰과 같은 말로 여겨지는 오늘날 앞으로 나아가려면 실력 없는 사람은 거리로 내몰리게 마련이다. 사실 경쟁이 안 된다는 데는 할 말이 없다. 만약 동네끼리 1,000만 원을 걸고 축구를 하기로 했는데 여러분이 감독이라고 해보자. 돈이 걸린 문제 앞에서 여러분은 축구의 기본적인 룰도 모르는 사람을 팀원으로 뽑겠는가? 당연히 아닐 것이다.

우리가 딛고 있는 현실에서는 계속 지진이 일어나고 있다. 그렇게 땅이 쩍쩍 갈라지고 있는데도 안이하게 '내가 딛고 있는 땅은 멀쩡하겠지' 하고 생각하는 사람이 너무 많다. 이제 탄탄한 땅, 다시 말해 평생직장은 존재하지 않는다. 그것은 후진국에나 존재하는 것이지 우리처럼 중진국에서 선진국으로 가려고 발버둥치는 사회에서는 절대 기대할 수 없는 제도다. 솔직히 100등에서 30등으로 치고 올라오는 것은 맘먹고 들이파면 되지만, 30등에서 10등 안으로 들어가려면 열심히 하는 것만으로는 부족하다. 그렇기 때문에 경쟁이 더욱 치열하고 그

과정에서 낙오되면 아픔이 몇 배는 더하다. 이를 증명하듯 미국 같은 선진국에서는 사람들이 평생 8번 정도 직업을 바꾼다고 한다. 이는 곧 선진국에서 끝없이 구조조정이 일어나고 있다는 것을 의미한다.

능력이 부족한 사람을 그대로 감싸 안고 갈 회사가 어디에 있는가. 다같이 가보자는 것은 미친 짓이다. 뭘 어떻게 하자고 다같이 가자는 것인가. 실력이 없으면 빨리 교체해서 기업이 살아남아야 나머지 사람들도 살릴 수 있을 것 아닌가. 이것이 바로 구조조정이다. 이것은 개인적인 입장에서도 충분히 숙고해 볼 문제다. 실력을 인정받지 못하는 곳에 얽매이기보다 더 나은 기회를 찾아 자기 변화를 꾀하는 것이 장기적으로 보다 현명한 선택일 수 있기 때문이다.

다같이 가자고 했다가 10년을 잃어버린 것도 모자라 여전히 헤매고 있는 대표적인 나라가 바로 일본이다. 깔끔하게 가지치기를 하고 새로운 기회를 만들어냈으면 오히려 앞으로 나아가기가 나았을 텐데 다같이 끌고 가려고 몸을 사렸다가 오늘날 일본 경제가 작살나고 있지 않은가. 그 보수적인 민족이 정권까지 갈아 치울 정도면 경제가 얼마나 헤매고 있는지는 불을 보듯 뻔한 일이다.

구조조정을 해야 한다면 차라리 빨리 하는 것이 낫다. 기업이 망하지 않으려면, 국가가 버티고 서 있으려면 구조조정을 해야 한다. 그렇지 않으면 전체가 망하고 만다. 구조조정을 잘하면 체질이 강화돼 다음번에 맞짱을 뜰 때 오히려 잘할 수 있다. 대한민국이 그 증거다. 외환위기 시절에 정말 뼈를 깎는 아픔으로 구조조정을 단행한 것이 오늘날 전 세계가 휘청거리는 상황에서 우뚝 서게 하는 보약이 되고 있지 않은가.

동네에서 가장 잘하는 사람 11명을 뽑아 대회에 나가 돈을 벌어오면 축구의 룰도 몰라서 물주전자 날라주고 도구를 챙기던 사람들에게도 돈이나 보너스를 줘서 다 같이 행복해질 수 있다. 이게 바로 함께 사는 길이다.

겉은 번지르르한데
속이 텅 비어 고통 받는 사람들

  그렇다고 직장생활을 하는 사람만 현실의 고달픔을 짊어지고 사는 것은 아니다. 아니, 어쩌면 매출액이 40~60퍼센트나 뚝뚝 떨어지고 있는 상황에서 이러지도 저러지도 못하고 버텨내려 안간힘을 다하는 상인들의 짐이 훨씬 더 무거운지도 모른다. 실제로 거리에 나가보면 간판이 하루가 다르게 변해가고 업종 변경도 수시로 일어나고 있다. 이것은 불황을 이겨내려는 자영업자들의 눈물겨운 몸부림이라고 할 수 있다.

  소위 '사' 자가 들어가는 직업도 마찬가지다. 그중 대표적인 직업이 의사인데 얼마나 죽을 지경인지 한 달에 300만 원이나 400만 원만 줘도 일을 하겠다고 나서는 의사가 줄을 선다고 한다. 그 이유는 사람들의 인식과 더불어 수요와 공급 체계에 커다란 변화가 찾아들었기 때문이다.

앞으로는 의과 전문대학에서 무수한 의사가 쏟아지는 것은 물론, 해외의 내로라하는 의사들과도 경쟁을 해야 한다. 경제에 국경이 사라졌듯 의술에서도 국경의 개념이 무색해진 탓이다. 의술이 뛰어나면 해외에서도 몰려들지만, 그것이 형편없으면 그야말로 쪽박 차기 십상이다. 실력이 딸려서 환자가 찾아오지 않으면 방법이 없지 않은가.

변호사도 예외가 아니다. 우물 안의 개구리처럼 육법전서나 외우고 민사 · 형사법을 줄줄 읊어대는 것으로는 부족하다. 모든 것이 국제적으로 돌아가는 세상에서 국제법을 모르고 어떻게 변호사라고 할 수 있겠는가. 세계적으로 경제 전쟁이 벌어지고 있는데 외국인에게 '한국의 형법이 이렇습니다'라고 곰방대 냄새나는 얘기를 하면 되겠는가. 이 상태로는 경쟁력이라는 말을 하는 것 자체가 넌센스다.

곰곰이 생각해 보면 의사든 변호사든 회계사든 모두들 서비스 업종이 아닌가. 그러면 당연히 실력을 갖추고 소

한국 경제의 대안
왜 네트워크 마케팅인가

비자가 스스로 알아서 찾아오게 만드는 것이 당연하다. 한마디로 우는 소리 할 필요 없다는 얘기다. 시장은 점점 작아지고 있고 덩달아 우리가 먹을 수 있는 파이는 줄어들고 있다. 어쩌면 이것은 그동안 비정상적으로 등 따습고 배부르던 상황이 정상으로 회귀하는 것이라고 할 수도 있으므로 죽는 소리 하지 말고 서둘러 현명한 대안을 찾아야 한다.

나이든 것도 서러운데 먹고살 걱정까지 해야 한다?

얼마 전에 내가 상당히 아끼는 후배 한 명이 찾아와 직장에서 내몰렸다고 한탄을 했다. 그때 내가 어떤 반응을 보였는지 아는가?

"야, 참 잘됐다. 더 늦기 전에 새로운 기회를 찾을 수 있겠구나. 네가 직장에서 더 버텼다면 나중에는 새로운 기회마저 잡을 수 없을 만큼 폭삭 늙어서 밖으로 내동댕이쳐졌을 거야."

지금은 환갑잔치를 하겠다고 청첩장 돌리면 뭇매를 맞을 만큼 60대의 나이를 노인으로 쳐주지도 않는 고령화 시대다. 물론 옛날에는 환갑잔치를 할 만한 이유가 충분했다. 1906년에 우리나라 전체 평균연령이 채 60세가 되지 않았으니 그 나이까지만 살아도 다같이 모여서 축하를 하는 것은 당연했다. 하지만 지금은 60세에 경로당에 찾아가는 사람도 없고 설사 찾아갈지라도 야단만 맞고 쫓겨나기 십상이다.

심지어 나이 70세가 되어도 고령자 축에 끼지 못한다. 요즘엔 웬만하면 죄다 70세를 넘기기 때문이다. 만약 70세도 안 되어 돌아가신 분을 문상하러 갔다가 호상이라고 말했다가는 인사도 하기 전에 쫓겨나고 만다.

이처럼 사회가 점점 고령화하고 있기 때문에 현재 50대에 이른 사람은 앞으로 족히 20년은 끄떡없이 일할 수 있다. 사실 일을 해야 오래 살고 더 건강할 수 있다. 그러므로 호랑이 담배 피던 시절에 정해 놓은 은퇴 연령에 얽매여 현재는 물론 미래의 삶까지 호도해서는 안 된다. 그러한 사고방식으로는 정말로 우리에게 필요한 답을 찾아낼 수 없다.

성웅 이순신 장군이 살던 시절에는 한국인 평균연령이 45세였다. 이순신 장군의 경우는 신장이 180센티미터로 육척장사로 불렸는데, 오늘날에는 중학교 학생들도 180센티미터는 기본으로 알 만큼 대단한 수치가 아니다. 하지만 당시에는 왜놈들이 150센티미터밖에 안 되었던 터라 이순신 장군이 큰 칼 하나 차고 나오면 그 위엄에 짓눌리는 건 당연했다. 심지어 세상에서 좋다는 건 죄다 먹은 왕들도 기껏해야 사십 몇 살 정도 살다가 죽었다. 물론 영조처럼 길게 사신 분들도 있지만 대부분 40대에 세상을 떠나고 말았다.

그런데 오늘날의 젊은이들은 어떤가. 아마도 90세, 100세까지는 거뜬히 살 것이다. 눈부신 의술 덕분에 옛날 같으면 벌써 세상을 하직했을 사람들이 얼마나 많이

거리를 멀쩡하게 돌아다니고 있는가. 우리의 의도와 상관없이 수명은 엄청나게 길어졌다. 그렇다면 이것은 축복일까, 재앙일까? 결론적으로 말하면 준비된 사람에게는 축복이지만 준비가 되지 않은 사람에게는 재앙이다.

남성의 경우 빨라야 20대 후반쯤이나 사회에 나와 호구지책을 세우게 되는데, 그나마도 사회에서 실력을 인정받아야만 은퇴연령까지 버텨낼 수 있다. 그러면 그 이전에 밀려나는 사람이나 은퇴 이후에는 어떻게 해야 하는가?

나는 50대 초반의 나이에 회사에서 밀려났다고 한탄하는 후배의 손을 잡고 말했다.

"차라리 잘되었다. 지금부터 너는 최소한 20년 이상을 일할 수 있으니 제2의 인생, 즉 2모작을 시작해라. 너무 늦지 않은 나이에 나와서 다행이다."

미래의 새로운 주인은 바로 변화를 읽어내는 사람이다. 미래가 어디로 가는지도 모르고 살던 대로 열심히 살아보자고 생각하는 사람은 늘 그 모양 그 꼴로 살 수밖에 없다. 더 큰 문제는 오늘날의 젊은이는 어쩔 수 없이 2모작, 3모작을 하게 된다는 점이다.

예를 들어 정말로 머리 터지게 공부해서 공무원이 됐다고 해보자. 그러면 58세에 정년퇴직한 다음에는 80세, 85세까지 대체 무엇을 할 작정인가? 매일 손자나 업고 다니며 과자봉지를 손에 들고 다닐 참인가? 예전에는 어르신들이 잘 벌어놓고 짧게 살다가 가셨기 때문에 효도하는 자녀들도 참 편했다. 하지만 지금은 많이 벌어놓지도 못했으면서 예전의 수명과는 비교도 안 되게 오래 산다. 그러니 오래 사는 사람도 힘들고 어른을 봉양해야 하는 젊은이도 힘들다.

준비되지 않은 노인이 늘어날수록 사회적 부담도 더불어 늘어나고 그것은 고스란히 젊은이들에게 짐으로 다가온다. 젊은이들이 65세 넘은 노인들을 부양하느라고 허리가 휘어지게 보험료를 내야 하는 사회는 선진국 신드롬을 심하게 앓을 수밖에 없다. 이게 바로 우리가 딛고 있는 이 땅에서 벌어지는 현실이다.

왜 네트워크 마케팅인가

2

나라의 미래가 밝으면
내 미래도 밝을까?

한국 경제의 대안
Network Maketing

2

나라의 미래가 밝으면
내 미래도 밝을까?

한국의 미래는 밝다. 전체적으로 봤을 때 우리나라는 참 운이 좋은 나라다. 물론 지금의 경제상황은 좋지 않지만 이것은 내성을 기르기 위해 거쳐 가는 하나의 과정일 뿐 침몰을 의미하지는 않는다. 문제는 한국의 미래가 밝은 것과 여러분의 미래가 밝은 것과는 별개라는 점이다.

대한민국은 과연 선진국에 진입할 수 있을까? 물론이다. 더불어 선진국형 사업인 네트워크마케팅도 꽃을 피우게 된다.

한국 경제와
함께 울고 웃는 사업

네트워크마케팅은 1941년에 미국에서 시작되었고 한
국에 들어온 지는 10여 년이 훌쩍 넘었다. 그럼에도 네
트워크마케팅은 아직 꽃을 활짝 피우지 못하고 있다. 심
지어 네트워크마케팅 사업자를 불법 피라미드나 다단계
사업을 하는 몰염치한 사람으로 몰아붙여 욕을 해대는
경우도 있다. 물론 과거에는 불법 피라미드가 판을 쳤고
여전히 일부 몰지각한 사람들이 존재하는 것도 사실이
다. 원래 뭔가 새로운 이슈가 등장하면 그것에 빌붙어
한몫을 잡아보려는 심산으로 온갖 아류가 등장해 물을
흐려놓게 마련이다. 탓에 정통 네트워크마케팅까지 싸
잡아 욕을 먹느라 사업 진행이 예상보다 더딜 수밖에 없
었다.

사실 미국에서는 정통 네트워크마케팅을 추구하는 A
사의 회장이 미국 전체 상공회의소 회장까지 역임하기

도 했다. 이것은 전 세계의 경제를 리드하는 미국에서 정통 네트워크마케팅의 합법성과 경제적 입지를 확실히 인정한다는 것을 의미한다. 나아가 네트워크마케팅이 하나의 사회적 흐름임을 보여준다. 세상은 계속 변하고 있고 한국에서도 이름조차 생소하던 네트워크마케팅 사업이 이젠 많은 사람에게 익숙한 용어로 다가가고 있다.

그렇지만 아직 불법 피라미드가 완전히 뿌리 뽑힌 것은 아니다. 여전히 6개월 만에 돈을 두 배로 불려주겠다거나 사람을 모아오면 대가를 지불하겠다는 불법 피라미드가 기승을 부리고 있다. 상식은 이럴 때 써먹으라고 있는 것이다. 상식적으로 은행이자가 3퍼센트인데 어떻게 6개월 만에 돈을 두 배로 불릴 수 있다는 얘기인가. 뭔가를 거저먹으려고 하니까 탈이 나는 거고, 그것이 사회 문제로 비화되어 멀쩡하게 제대로 사업을 하는 사람까지 욕을 먹는 것이다.

예를 들어 여러분이 은퇴자금으로 1억을 받았다고 해보자. 여기저기서 폐업하는 사람이 많다 보니 장사하기도 겁나고, 은행이자는 턱없이 낮아서 고민인데 아는 사람이 1억을 집어넣으면 한 달에 200만 원이나 300만 원을 주겠다고 유혹한다고 해보자. 당연히 귀가 솔깃해진다. 완전히 거저먹기 아닌가. 하지만 절대 상식을 벗어나면 안 된다. 은행이자보다 터무니없이 많이 준다고 유혹을 하면 그 자리에 앉아 꼼꼼히 따져보아야 한다. 정말로 상식선에서 생각하는 사람이 늘어나야 엉터리가 발을 붙이지 못한다. 그런 유혹에 스스로 빠져들고는 제발 멀쩡하게 정통 네트워크마케팅을 하는 사람들까지 싸잡아서 비난하지 마라.

앞으로 한국 경제는 점점 나아질 것이다. 동시에 네트워크마케팅도 더욱 상승세를 탈 것이다. 왜냐하면 네트워크마케팅은 한국 경제와 함께 울고 웃는 사업이기 때문이다.

신뢰도를 먹고 크는
고품격 사업

네트워크마케팅은 선진국처럼 사회 신뢰도와 제품 신뢰도가 높은 환경이 성립되어야 날개를 달 수 있다. 기본적으로 네트워크마케팅은 중간 과정을 뺀 덕분에 저렴해진 제품값의 혜택을 소비자가 함께 누린다는 이점을 제공하는데, 이것은 신뢰도 없이는 불가능한 일이다.

그렇기 때문에 과거에 엉터리들이 그처럼 판을 쳤던 것이다. 사회적 신뢰도가 충분히 형성되지 않은 상태에서 냅다 선진국의 시스템을 도용했으니 겉만 번지르르한 상술에 속는 사람이 엄청나게 많을 수밖에 없었다.

대표적으로 많은 사람이 값비싼 전기요에 사기를 당한 일이 사회적으로 물의를 빚기도 했다. 5만 원짜리를 20~30만 원에 뒤집어씌우는 것은 절대 네트워크마케팅이 아니다. 그것은 사기일 뿐이다. 네트워크마케팅은 생산자와 소비자를 연결시키되 그 중간에 생길 수 있는

마진을 몽땅 공유해 그 안에 참가한 사람에게 캐시백, 즉 현금으로 돌려주는 사업이다. 한마디로 쓰면서 돈을 벌 수 있다.

사실 나는 꽤 보수적인 사람이라 젊은이들이 모아둔 포인트를 활용하는 것을 보며 이상하게 생각했었다. 그 깟 점수가 쌓이면 얼마나 된다고 착착 모아두는지 의아하게 여겼던 것이다. 그런데 지나고 보니 멍청한 사람은 젊은이들이 아니라 바로 나였다. 나는 전화요금만 해도 한 달에 50만 원 이상이 나오는데 창피한 일이지만 한 번도 포인트를 써본 적이 없다. 아니, 그런 것이 있는 줄도 몰랐다. 그야말로 몸은 21세기에 두고 20세기 정신세계로 살아온 셈이다. 말을 하지 않아서 그렇지 주변에 보면 그런 사람이 상당히 많을 것이다.

어느 날 아웃백스테이크에 갔더니 종업원이 이렇게 물었다.

"아저씨, 혹시 SK텔레콤의 TTL카드 쓰세요?"

난데없는 질문에 당황한 나는 대놓고 물어보았다.

"그게 뭔데?"

그랬더니 종업원이 차근차근 설명을 해주는데 이거 참 내가 헛살았구나 싶었다. '그깟 점수 쌓으면 얼마나 된다고' 하는 생각에 '그냥 돈으로 때우면 되지' 했는데 그 포인트라는 게 장난이 아니었다. 얼마 전에 TTL카드를 내고 8만 원어치 스테이크를 먹었더니 세상에 2만 원이나 깎아주는 게 아닌가.

네트워크마케팅도 마찬가지다. 네트워크 회사에서 나오는 제품을 사용하면 똑같은 치약을 쓰더라도 거기에 일정 금액이 캐시백으로 쌓인다. 그러니 같은 값이면 네트워크마케팅 제품을 사용하지 않는 게 바보다.

한국에 캐시백이라는 개념이 들어온 지는 10여 년밖에 되지 않았다. 그래서 그런지 지금도 포인트 몇 백 원 쌓는 것을 우습게 알고 그냥 지나치는 사람이 수두룩하다. 예를 들어 자동차에 기름을 넣고 OK캐시백을 써서 200원이라도 저축하는 사람과 그까짓 거 얼마나 되느냐고 그냥 지나치는 사람을 비교하면 누가 더 현명한가.

가랑비에 옷 젖는 줄 모른다고 몇 백 원씩 쌓이는 게 나중에 얼마나 큰 혜택으로 돌아오는지 아는가. 이제 나는 꼬박꼬박 포인트를 챙기고 있다. 왜냐하면 그것이 바로 네트워크마케팅의 기본 원리이기 때문이다.

사회적 흐름이
성숙 단계에 와 있다

아무리 캐시백을 쌓고 제품을 저렴하게 공급할지라도 그 제품의 품질이 열악하다면 외면 받을 수밖에 없다. 쓰긴 쓰는데 옆집이 쓰는 치약보다 월등히 나쁘다면 아무리 값이 싸더라도 그 장점은 뒷전으로 밀려나게 된다. 그러나 다행스럽게도 정통 네트워크마케팅 회사가 취급하는 제품은 하나같이 감탄사를 자아내게 만든다. 품질이 확실하다는 얘기다.

스물여섯 살이던 1979년에 나는 미국에서 이상한 사

회 현상을 목격했다. 당시 한국에는 맞벌이 부부가 드물고 남자들이 정년까지 일하는 게 보편적이었지만, 미국에서는 부부가 모두 사회생활을 했던 것이다. 그 이유를 곰곰이 뜯어보니 미국 사회가 선진화하면서 혼자 벌어서는 때려죽여도 그 흐름을 따라갈 수 없었던 탓에 궁여지책으로 벌어진 현상이었다. 물론 남편 혼자 벌어도 굶지는 않았지만 상대적인 빈곤감 때문에 늘 마음을 졸이며 어렵게 살아야만 했다.

방학 때 옆집 애들은 해외연수 보낸다는데 우리 애는 보내지 못하면 부모의 마음이 어떻겠는가. 그러니 엄마들이 생활전선에 뛰어드는 것이다. 조금이라도 인간답게 살려면 함께 벌어야 한다는 생각은 지극히 정상적이다. 한마디로 이것은 선진국 신드롬이라고 할 수 있다. 그런데 당시에는 직접 눈으로 보면서도 내 보수성을 깨뜨리지 못해 이해하기가 좀 힘들었다.

맞벌이뿐 아니라 홈쇼핑도 내 마음을 뒤흔들었다. 30년 전에는 홈쇼핑이라는 단어조차 존재하지 않았으니 내가 의아하게 여기는 것은 당연했다. 텔레비전에서 사람들이 물건을 사라고 외쳐대는 것을 보면서 나는 아내에게 말했다.

"재네들 미친 거 아냐? 아니, 물건을 직접 만져보고 입어보고 값을 깎아서 사야지 어떻게 그냥 달라는 대로 다 주고 사냐."

나는 지금도 백화점에 가서도 옷값을 깎는다. 우리네 부모님들이 즐겼던 '물건은 깎는 맛에 산다'는 명언(?)을 아직도 실천하고 있는 셈이다.

그런데 1990년대 중반이 지나면서 한국에서도 홈쇼핑이 생기기 시작했다. 그때 제일 먼저 시작했던 것이 박삼구사장의 삼구홈쇼핑이다. 하지만 아직 신용사회가 정착되기 전이라 그런지 삼구홈쇼핑은 버텨내지 못했고 결국 CJ오쇼핑에 넘어가고 말았다. 홈쇼핑이 자리를 잡으려면 공급하는 사람이 정확히 약속을 지켜야 하고, 반품을 100퍼센트 받아주는 것은 물론 확실한 배달 시스템을 갖춰야 한다. 그리고 보면 박삼구 사장은 너무 앞서간 선구자라고 할 수 있다.

오늘날 CJ, 현대, 롯데 등의 홈쇼핑 업체 매출액은 모두 1조 원을 넘어서고 있다. 1조 원이면 대한민국의 30대 그룹에 들어갈 만한 기업의 매출액에 해당한다. 사회의 큰 변화, 즉 흐름을 읽어내지 못하면 휩쓸려 버릴 뿐이지만 그것을 읽어내면 그야말로 대박을 터뜨릴 수 있다. 홈쇼핑을 보면서 "어허, 어떻게 저렇게 하지?"라고 말하는 사람은 대개 네트워크마케팅도 색안경을 끼고 바라본다. 흐름을 읽어낼 줄 모르기 때문이다. 탓에 네트워커 중에 여전히 고생하는 사람들이 있긴 하지만 오래지 않아 한국이 선진국에 진입하면 그러한 노고는 금세 날려버릴 수 있을 것이다.

사회적으로 신뢰도가 성숙하고 제품의 품질을 자신해 100퍼센트 환불이 가능하다면, 그리고 제때에 배달해 준다면 당연히 홈쇼핑 시장은 성장할 수밖에 없다. 여기에 더해 네트워크마케팅은 캐시백까지 제공한다. 그렇다고 네트워크마케팅의 장점이 여기에서 그치는 것은 아니다. 앞으로 계속 하나씩 보따리를 풀어놓을 테니 네트워크마케팅의 장점을 하나하나 알아가면서 그것이 왜 선진국형 사업인지 진하게 느껴보길 바란다.

일단 선진국에 진입하면 모든 사람이 돈 한 푼에 굉장히 민감해진다. 똑같이 쓰면서 돈을 버는 것과 쓰고 버리는 것 중에서 어떤 것을 선택하겠는가. 물론 아직은 그런 개념에 약한 사람이 많다. 그들에게는 내 말이 구구단도 외우지 못하는 사람에게 자꾸 인수분해를 풀자고 하는 것이나 마찬가지겠지만, 계산이 좀 더 빠른 사람이 지름길을 알려주면 최소한 알아보는 성의는 보였으면 좋겠다.

'어떻게 되겠지'하는
생각은 **버려라**

세상에 '어떻게 되겠지'라는 것보다 더 무책임한 말이 또 있을까? 어떻게 되긴 뭐가 어떻게 된단 말인가? 막연히 생각만 하고 있으면 제자리를 맴맴 돌다가 그냥 죽는 것밖에 달리 뭐가 또 있는가? 꿈꾸는 것을 얻으려면 미래에 대한 변화를 분명히 알고 이제라도 행동에 들어가야 한다. 세상에 움직이지 않고 얻을 수 있는 게 뭐가 있는가?

부자가 되고 싶은가? 그러면 지금부터 경제 흐름을 알고 새로운 동향에 귀를 기울여보라. 그중에서 네트워크 마케팅이 하나의 대안이라고 판단된다면 찬찬히 벽돌을 쌓아 집을 지어나가라. 그냥 감나무 밑에 떡 드러누워 '어떻게 되겠지' 하고 입 벌리고 있으면 벌레밖에 떨어지지 않는다.

'어떻게 되겠지' 하는 사람들이 잘 빠져드는 한탕주

의의 대표적인 주자는 바로 로또다. 나도 전에는 매주 화요일에 만 원어치씩 사보기도 했다. 네 개까지 맞추게 되자 서서히 로또가 내게 다가오는 느낌이 들기도 했는데 그게 다였다. 사실 로또에 당첨되는 것이 얼마나 어려운지 아는가?

2만 5,000개의 동전을 갖고 빌딩 꼭대기에 올라가 한꺼번에 동전을 던져보라. 그 동전이 몽땅 같은 면을 향하고 있어야 로또에 당첨될 수 있다. 이게 쉬울 것 같은가? 그러면 당장 주머니를 뒤져서 동전 몇 개를 꺼내 던져보라. 아마도 제각각 난리도 아닐 것이다.

로또의 확률이 그처럼 낮다. 그런데 매주 당첨자가 나오기 때문에 그 기대를 그대로 저버리기가 쉽지 않다. 그래서 사람들은 여전히 아닌 걸 알면서도 또 산다. 미국에서 50년간 로또에 당첨된 사람들을 조사했는데 99퍼센트가 이혼하고 마약중독이나 알코올중독에 빠져 망했다고 한다. 이러한 결과는 돈이라고 하는 것은 한탕주의로 벌면 안 된다는 것을 잘 보여준다. 그렇다고 로또를 하지 말라는 얘기는 아니다. 그냥 편안한 마음으로 '내가 당첨되지 못하면 복권비는 어렵고 힘든 이웃에게 돌아간다' 는 생각을 하는 것이 낫다. 물론 내가 더욱 권하고 싶은 것은 로또에 신경 쓰고 퍼부을 돈이 있으면 차라리 다른 대안을 찾아보라는 것이다.

왜 네트워크 마케팅인가

3

믿어서
손해 볼 것 없는
사업

한국 경제의 대안

Network Maketing

3

믿어서
손해 볼 것 없는 사업

다시 한 번 강조하지만 미래를 준비하려면 경제의 커다란 흐름을 알아야 한다. 지금까지 한국은 도입, 발전기를 지나왔다. 이 과정을 약 50년 경험한 한국은 이제 걸음마 단계를 지나 붙들고 일어서서 걸으려고 하는 참이다. 만약 한국이 선진국으로 들어간다면 엄청난 성장 팽창기가 다가올 것이다.

중요한 것은 그 시기를 함께 걸어가면서 성공의 열매를 나눠가질 수 있는 대안이 무엇인가 하는 점이다. 아무리 국가가 성장해도 개인이 나서서 뭔가 행동하지 않으면 잔칫상에 끼어들어 고기 한 점 얻어먹을 수 없다. 무엇을 해야 미래의 잔칫상에 끼는 것은 물론 그 잔치의 주인공으로 우뚝 설 수 있을까? 내가 권하는 미래의 대안은 바로 네트워크마케팅이다.

빅뱅, 현실이
될 수밖에 없는 이유

앞에서도 말했지만 미국에서 정통 네트워크마케팅을 진행하는 A사의 사장은 미국의 상공회의소 회장을 역임했다. 만약 네트워크마케팅이 불법적이고 엉터리라면 그게 가능하겠는가? 결코 그런 일은 있을 수 없다.

물론 한국에서는 아직도 많은 네트워크마케팅 회사가 시행착오를 겪고 있다. 그것은 그럴 수밖에 없다. 왜냐하면 사회적인 성숙도, 인간적인 성숙도, 그리고 제품에 대한 사람들의 마인드가 전체적으로 끌어올려져야 하는데 아직 그 상태에 이르지 못했기 때문이다.

다행이 한국은 앞으로 도입, 발전기에서 성장 팽창기로 나아갈 것이다. 한국은 분명 선진국으로 간다. 현재 국민소득이 2만 달러에 약간 미치지 못하고 있지만, 성장 팽창기가 오면 최소한 3만 달러에서 4만 달러를 훌쩍 넘을 것이다. 그러면 모든 국민의 경제적인 마인드가 월등히 좋아지는 것은 물론 사회적·인간적 성숙도가 높아지고 모든 제품의 경쟁력이 상승한다. 그와 동시에 네트워크마케팅은 빅뱅, 즉 커다란 폭발력을 갖게 된다.

어떤 사람은 한국이 선진국으로 가는 데 있어서 가장 크게 발목을 잡을 부분은 정치라고 말하기도 하지만 그건 하나의 과정으로 보면 된다. 그것은 잘나가는 나라가 겪는 성장통의 일종이다.

내가 가장 하고 싶은 것은 사람들을 흔들어 깨워 한국이 하루라도 빨리 선진국으로 진입할 수 있도록 돕는 일이다. 그게 내 인생의 미션이다. 내가 SK에서 일할 무렵

나는 전 세계 230개 나라 중 170개 나라를 직접 몸으로 뛰면서 해외출장비만 22억 5,000만 원을 썼다. 그렇게 전 세계를 돌아다니며 배우고 익히고 눈으로 본 경험을 통해 장담하건대 한국은 분명 선진국으로 갈 것이다. 따라서 여러분은 서둘러 준비를 해야 한다. 내가 그 대안으로 네트워크마케팅을 제시하는 이유는 간단하다. 그것이 선진국에서도 인정을 받은 미래형 유통 시스템이기 때문이다.

사실 나는 처음에는 네트워크마케팅을 하는 사람은 제정신이 아닌 줄 알았다. 하긴 1980년까지 미국에 있으면서 홈쇼핑을 보고 말도 안 되는 유통 방식이라고 생각했으니 그도 그럴 만했다. 그런데 비즈니스를 위해 내가 만난 바이어가 하필이면 A사의 IBO(Independent business owner), 즉 네트워커였다. 물론 당시에는 네트워크라는 말이 없었고 그 말은 1980년대 이후에 생겨난 것이다. 그때는 그냥 멀티레벨마케팅, 다시 말해 다단계라는 용어를 썼는데 사실 다단계라는 말이 틀리거나 나쁜 것은 아니다. 나쁜 것은 바로 불법 피라미드다.

세상의 모든 것은 다단계로 이뤄져 있다. 사장, 전무, 이사, 부장, 과장으로 구성된 회사 구조도 다단계이고 국가기관, 학교 등 대다수가 다단계 구조를 띤다. 다단계 그 자체는 나쁜 것이 아니며 단지 누가 어떻게 활용하느냐에 따라 불법과 합법이 나뉠 뿐이다.

어쨌든 나는 합판을 팔려고 내슈빌 테네시에서 바이어를 만나게 되었는데 마침 일요일이라 자기가 큰 행사에 가야 하니 같이 가자고 했다. 그 행사는 큰 호텔을 통째로 빌려서 치러졌고 나는 나중에야 그것이 내셔널컨벤션이라는 것을 알았다. 나는 물건을 팔아야 하는 입장인 터라 바이어와 함께 점심이라도 먹을까 해서 따라나섰는데, 사람들이 바글거리는 그곳에서는 꽃다발이 왔다 갔다 했고 무대에 웬 연사가 올라가 소리를 지르면 팡파르가 울리고 난리도 아니었다.

'이게 무슨 난장판이야. 정말 정신 나간 인간들 참 많네. 날씨 좋은 일요일에 여기 모여서 이게 뭐하는 짓이야.'

그때가 지금으로부터 한 30년 전이었다. 앞서가는 사회를 내 무식한 눈으로 바라보았으니 무식한 생각이 터져 나오는 것은 당연했다. 그래도 사람들이 한껏 분위기를 즐기고 흥겨워하는 모습은 보기 좋았다. 궁금해진 내가 바이어에게 물었다.

"아, 이게 뭡니까?"

"이게 멀티레벨마케팅이라는 겁니다. 미스터 리, 아직 한국에는 이 사업이 들어가지 않았어요. 한국에 들어가면 우리 회사 1번 사업자가 돼 봐요."

내가 글로벌에 눈을 떴으면 1번 사업자를 꿰찰 수도 있었을 테지만, 안타깝게도 나는 그런 식견이 부족했다. 그래서 속으로 냅다 욕을 퍼부어주었다.

'됐다, 너나 해! 나더러 정신 나간 집단에 합류하라고?'

그땐 내가 참 무식했다. 하긴 당시엔 내 꿈이 오로지 SK의 사장이 되는 것에 못 박혀 있던 터라 다른 것은 눈에 들어오지도 않았다.

"미스터 리, 후회하지 말고 한번 생각해 봐요."

"좋습니다. 그건 나중 일이고 우선 합판 오더나 좀 주십시오."

나는 그저 합판 오더를 받을 생각에 나중을 기약하고 그 자리를 벗어났다. 그리고 멀티레벨마케팅이라는 존재를 새까맣게 잊고 있었다.

마음을 닫아걸면 눈뜨고도 당한다

1990년대 초반의 어느 날 학교에서 수석을 하던 내 제자가 느닷없이 연락을 해왔다.

"교수님, 드릴 말씀이 있습니다."

"그래? 그럼 학교로 와라."

제자는 냉큼 달려왔다.

"너 요즘 뭐하냐?"

"외국 회사에 다닙니다. 외국 회사인데 마케팅 유통회

사입니다."

"마케팅 유통회사라고?"

"혹시 네트워크마케팅이라고 들어보셨어요?"

"뭐가 어째!"

당시에는 불법 피라미드가 난립하면서 사회적으로 문제가 크게 불거지고 있던 터였다.

"야 인마, 당장 그만둬. 어떻게 그런 델 들어갔어. 잘 나가던 녀석이 할 일이 없어 그런 일을 하냐! 갈 데 없으면 내가 추천해 줄 테니까 당장 그만둬!"

그 제자가 지금은 그만두었지만 그때는 고맙게도 삼고 초려를 했다.

"30분만 제 얘기를 들어주십시오."

내 제자가 부탁했던 것은 강연을 해달라는 거였다.

"야, 내가 그런 곳에 가서 강연을 하면 정신 나간 놈 되는 거잖아!"

난 정말로 네트워크마케팅에 대해 전혀 모르고 있었다. 아니, 관심이 없었다고 하는 것이 옳았다. 그래도 내 제자는 세 번이나 찾아와 30분만 내달라고 사정을 했다. 그때 속으로 생각했다.

'좋아, 30분만 시간을 내주자. 그래도 내가 아끼던 제자인데 이대로 내칠 수는 없지. 30분만 들어보고 아니면 혼쭐을 내면 그만이지.'

하지만 나는 제자가 떠들든 말든 내 책만 보고 있었다. 그러거나 말거나 제자 녀석은 자근자근 자기 할 말을 이어갔고 나는 어느새 "그래서?", "그럼 어떻게 되지?" 하며 질문을 하기 시작했다. 한마디로 제자는 내 무식을 꾸짖고 있었다. 제자가 그렇게 많이 공부한 사람이 왜 네트워크마케팅에 대해 관심이 없느냐고 질책을 하는데 딱 예전의 그 바이어가 생각났다.

"알았다. 오늘은 일단 돌아가. 내가 한번 검토해 보마."

나는 제자가 돌아가자마자 미국에서 공부할 때 언뜻 보았던 멀티레벨마케팅 섹터를 펼쳐들고 살펴보기 시작했다. 홈쇼핑마저 말도 안 되는 얘기라고 생각했으니 멀티레벨마케팅에 관심이 없었던 것도 무리는 아니었다.

어쨌든 나는 선입견 때문에 꽁꽁 닫아걸었던 마음의 문을 열고 다시 한 번 예전의 지식을 꺼내 펼쳐들었다. 그런데 이게 웬일인가. 무식이 뒤통수를 딱 후려 맞는 듯한 느낌이 들면서 내가 얼마나 고지식한 편견에 사로잡혀 있었는지 눈에 보이질 않는가. 한마디로 불법 피라미드라는 말에 얽매여 나와 전혀 관계가 없는 일이라고 생각했던 내 무식이 그대로 드러났다.

나는 즉시 제자에게 전화를 걸었다.

"야, 어디로 가면 되냐?"

제자는 네트워크마케팅에 대한 강의를 해달라는 것도 아니었다. 그저 경제 흐름을 알려주고 사람이 어떻게 살아야 성공할 수 있는지 그것을 말해 달라고 부탁했다. 그렇게 해서 강연을 시작하게 되었는데 이후로 내 강연을 듣고 눈을 뜨게 되었다는 얘기를 많이 듣고 있다.

망한다던 **홈쇼핑 뜬 것처럼**
네트워크마케팅도 **뜬다**

나는 텔레비전 방송에서 경제 문제를 쉽게 풀어 브리핑을 해주는 역할도 맡고 있다. 그런데 하루는 PD가 다단계 회사들을 마구 쪼아대는 내용을 쫙 펼쳐 들고는 "오늘은 여기에 대한 설명을 해주십시오"라고 했다. 이슈는 그때그때 방송국 측에서 결정했던 터라 나는 군말 없이 받아들였다. 신문에서는 한마디로 다단계 사업을 하는 사람들은 나쁜 놈들이라고 사정없이 비난하고 있었다. 그때 나는 공정한 입장에서 두 가지만 들려주겠다고 전제한 뒤 이야기를 풀어갔다.

"첫째, 이 사회에는 불법 피라미드라는 말에 딱 어울릴 만큼 정말로 나쁜 회사가 난립하면서 수많은 사람에게 피해를 주고 있다. 둘째, 한국에서 약 13년간 사업을 해오면서 서서히 자리를 잡아가고 있는 정통 네트워크마케팅 회사들은 성실하게 미래지향적으로 유통구조에 혁명을 일으키고 있다. 그러므로 국민은 반드시 균형감각을 발휘해 불법과 합법을 제대로 판단해야 한다."

방송국 측에서는 다소 당황하는 눈치였다. 신문에서처럼 다단계 사업에 대해 비난하고 불평을 쏟아놓을 줄 알았는데 균형감각을 발휘하라고 했으니 그도 그럴 만했다. 그날 저녁 인터넷 게시판에 들어가 보았더니 나에 대해 악담을 퍼붓는 얘기는 하나도 보이지 않았다. 요즘에는 제대로 이야기를 해도 순전히 자기 입장에서 상대방을 모함하고 비난하는 경우가 많아 조금은 걱정이 되기도 했는데 다행이다 싶었다.

네트워크마케팅 회사를 선택할 때 살펴보아야 할 요소

1. **제품** : 제품이 독특한가? 효과적인가? 시장성이 있는가?

2. **회사** : 부채가 없는가? 경영진은 유능한가?
   경영 투명성을 유지하고 있는가?

3. **성장 추세** : 회사가 성장하고 있는가? 얼마동안 성장해 왔는가?

4. **시장 잠재력** : 목표시장에서 성장할 여유가 있는가?

한국 경제의 대안
왜 네트워크 마케팅인가

아니면 이미 포화상태에 이르렀는가? 국제시장에 진출했는가?
아니면 진출할 계획이 있는가?

5. 캐시플로 : 매출액의 몇 퍼센트를 사업가에게 지급하는가?
새로운 사업가가 수입을 올리기 쉬운가? 보상플랜이 리더가
발전하도록 돕는가? 바이너리, 매트릭스, 유니레벨,
브레이크어웨이, 하이브리드 등 어떤 형태의 보상플랜을
제공하는가?

6. 타이밍 : 신생기업인가? 아니면 시장이 이미 포화상태인가?

　방송에서 내가 한 말은 진실이다. TV홈쇼핑이 새로운
유통구조의 혁명이었듯 정통 네트워크마케팅 역시 미래
의 경제를 이끌어갈 유통구조의 혁명이다.

　한 가지 사례를 살펴보자. 미국 최초의 할인점, 월마
트가 처음 나올 때 모든 사람이 할인점은 망할 거라고
장담했다.

　"어떤 정신 나간 사람이 할인점에 가겠느냐? 백화점
이나 동네 슈퍼마켓에 가지."

하지만 샘 월튼은 이러한 비아냥거림에 아랑곳하지 않고 불도저처럼 신념을 밀고 나갔다. 오늘날 할인점의 현주소는 어떠한가. 이마트, 롯데마트 등은 모두 1조 원 이상의 매출을 올리고 있다. 롯데마트는 롯데백화점보다 매출액이 많고 이마트 역시 신세계백화점을 앞질렀다. 예전에 신세계 그룹에서 회의를 하면 회장 바로 옆자리는 신세계백화점 사장이 앉았지만, 요즘에는 이마트 사장이 그 자리에 앉는다고 한다. 이러한 현실은 세상의 변화를 고스란히 보여준다.

네트워크마케팅도 마찬가지다. 이것 역시 분명한 유통구조의 혁명이지만 나는 물론 많은 사람이 그것을 인식하지 못했다. 하긴 선진국에서 살아본 경험이 없는데 선진국형 사업을 만났으니 그걸 제대로 소화할 능력이 있겠는가. 그래도 희망적인 것은 한국이 분명 선진국으로 갈 거라는 점이다. 현재 한국은 전 세계 230개 나라 중에서 정확히 29등을 차지하고 있다. 1인당 국민소득은 환율에 따라 2만 달러를 오르내리고 있는데, 2020년이 되면 전 세계에서 5~7등을 차지할 것으로 보인다.

믿지 못하겠는가? 하긴 정치인들이 눈만 뜨면 치고 박느라 세상이 어떻게 돌아가고 있는지 알고나 있는지 의심스러운 형국이니 반신반의하는 것도 무리는 아니다. 하지만 걱정할 것 없다. 아무리 일부 정치인이 갈지자를 걸어도 제대로 걷는 국민이 더 많고, 무엇보다 대한민국의 운이 트였으니까.

왜 네트워크 마케팅인가

4

한국이
선진국으로 갈 수밖에
없는 이유

한국 경제의 대안
Network Maketing

한국이 선진국으로
갈 수밖에 없는 이유

대한민국의 대박 운은 크게 두 가지로 나눠볼 수 있다. 하나는 거대한 땅덩어리와 인구수를 자랑하는 중국이 뜨면서 떡고물이 우리에게로 떨어졌다는 것이다. 만약 중국이 뜨지 않았다면 한국이 선진국을 쫓아가는 데 속도가 좀 더 느려졌을지도 모른다. 다른 하나는 인터넷 시대가 열렸다는 사실이다. 오늘날 인터넷을 통하지 않고 성공할 수 있는 일이 얼마나 되는가. 이제 모든 길은 로마로 통하는 것이 아니라 인터넷으로 통하고 있다.

거대한 시장은
곧 거대한 기회다

2006년에 한국은 3,000억 달러 이상을 수출했는데 그중 3분의 1 이상이 중국 쪽으로 흘러갔다. 이 말은 여러분 가족 서너 명 중 한 명은 앞으로 중국을 통해 왔다 갔다 하며 돈을 벌게 된다는 얘기다.

물론 일부에서는 중국 때문에 대구의 섬유산업이 다 망하게 생겼다고 울상이고, 부산의 신발공장도 죄다 문을 닫았다고 푸념이다. 대외무역을 하다 보면 당연히 손해를 보는 업종도 생겨나게 마련이다. 중요한 것은 어떤 분야에서 손해를 보고 또한 어떤 분야에서 이익을 얻느냐 하는 것이다. 우리는 섬유나 신발 같은 경공업 제품을 내주는 대신 자동차, 반도체 같은 첨단산업에서는 큰 이익을 보고 있다. 따라서 전체적인 국부로 보자면 우리가 중국에서 벌어들이는 게 훨씬 많다.

이처럼 중국 잘되라고 고사 한 번 지내준 일 없건만 저절로 혜택을 입게 되는 것이니 운이 좋은 것이 아니고 무엇이겠는가. 1981년에 세계적인 미래학자 앨빈 토플러가 이러한 상황이 도래할 것임을 예측했을 때 난 정말로 믿지 않았다. 바로 코앞에서 그의 강의를 들으면서도 한국과 중국이 뜰 거라는 말을 전혀 믿지 않았던 것이다. 그런데 그가 30여 년 전에 말했던 그 상황이 마치 잘 짜여진 시나리오를 따라 움직이듯 그대로 나타나고 있다! 위대한 석학 토플러에게 다시 한 번 고개가 숙여진다. 한국은 중국의 영향으로 이처럼 대박이 터지는 운이 20년은 넘게 이어질 것으로 보인다.

내가 지금도 아쉬워하는 것 중 하나는 1970년에 한글학회에서 한자를 폐지한 일이다. 중국이 이렇게 뜰 줄 알았다면 분명 한자를 폐지하겠다는 발상은 하지 않았을 것이다. 사실 한자를 알면 중국을 공략하는 일이 훨씬 쉬워진다. 당장 말이 통하지 않더라도 한자를 알면 조선시대 선비들과 마찬가지로 필담으로 대화할 수 있기 때문이다. 그렇게 폐지해 놓고 요즘 학생들 사이에 다시 한자 열풍이 부는 것은 무슨 아이러니인가.

　미래를 내다보는 눈이 짧았던 사례는 또 있다. 1986년에 나는 미국에서 돌아오자마자 많은 사람에게 영어를 초등학교 1학년 때부터 가르치는 것이 효과적이라고 말했다. 하지만 내 말에 귀를 기울이는 사람은 별로 없었고 현실적으로 그것을 가르칠 교사도 부족했다. 그때 나는 매우 현실적인 대안을 제시했다. 학교에서 하루에 1시간씩 만화영화 〈톰 앤 제리〉를 틀어주라고 말이다. 아이들은 언어 습득 능력이 뛰어나기 때문에 3, 4일만 매일 틀어줘도 몇 가지 알아듣는 것이 생기게 된다.

　당시에 그것이 시행되었다면 오늘날의 청년들은 지금 영어를 공부하느라 시간과 노력을 억세게 투자하지 않아도 되었을 것이다. 우습게도 내가 초등학생 시절부터 영어를 가르치자고 부르짖자 한글학회가 발칵 뒤집어졌다. 덕분에 나는 집 전화번호를 네 번이나 바꿔야 했고, 심지어 "죽일 놈"이라는 말까지 듣기도 했다. 그때 그렇게 근시안적인 편견으로 나를 욕하던 사람들은 죄다 어디 갔을까? 오늘날 초등학교 교실에서 시행되는 영어 교육을 보면서 그들은 어떤 생각을 할까?

흐름을 보지 못하면 무식해질 수밖에 없는데 안타깝게도 세상은 새로운 사고방식을 쉽게 받아들이지 못하는 탓에 무식한 사람의 의견에 끌려가고 만다. 어쨌든 중국의 등장은 한국에게 엄청난 국가적 대박감이라고 할 수 있다. 덕분에 5년에서 10년을 앞당겨 선진국을 쫓아갈 수 있을 것이기 때문이다.

21세기를
날게 해주는 인터넷

인터넷 혁명이 누구보다 반가운 분야는 바로 네트워크마케팅 사업이다. 요즘 웬만한 네트워크마케팅 회사는 모두 온라인에서 활발하게 사업을 펼치고 있다. 옛날에는 물건 갖고 뛰어다니기 바빴지만 지금은 인터넷 홈쇼

핑에 죄다 들어가 있기 때문에 간단하게 클릭만 하면 그
만이다. 여기에 제품마다 모두 캐시백이 되고 빠른 속도
로 정보를 나누는 것은 물론 네트워크, 즉 인맥까지 쌓
을 수 있다.

사실 인터넷은 1951년에 미국 캘리포니아 공과대학
칼텍에서 군사용으로 만들었던 것이다. 그러다가 1986
년에 월드와이드웹(www, world wide web)이 등장하면서 인
터넷이 폭발적으로 성장하기 시작했다. 이처럼 인터넷
은 미국에서 만들어졌지만 세계적으로 인터넷을 가장
잘 가꿔놓은 나라는 바로 한국이다. 이게 웬 떡인가? 그
야말로 재주는 곰이 부리고 돈은 엉뚱한 사람이 챙긴다
더니 딱 그 짝이다. 무슨 주문생산도 아니고 우리가 만
들어달라고 한 것도 아닌데 저절로 굴러들어왔으니 이
런 걸 두고 복이라고 하는 거다.

그런데 전 세계 230개나 되는 나라 중에서 왜 하필이
면 한국에서 인터넷이 활짝 꽃을 피우게 된 걸까? 그 이
유는 한국인의 손가락 민감도가 매우 높기 때문이다. 한

국인의 손가락 민감도는 세계 1위다. 전 세계에서 휴대전화로 문자를 이렇게 많이 보내는 나라는 없다. 심지어 어떤 사람은 양손에 전화기를 한 대씩 들고 전혀 다른 곳에 다른 내용의 문자를 보내기도 한다.

그러면 한국인의 손가락 민감도가 높은 이유는 무엇일까? 그것은 어렸을 때부터 젓가락을 사용했기 때문이다. 똑같은 쌍둥이도 각각 젓가락과 포크를 사용하게 하면 젓가락을 사용한 아이가 손가락 민감도에서 30퍼센트나 앞서간다고 한다.

물론 우리나라만 젓가락을 사용하는 것은 아니다. 세계적으로 22개 나라에서 젓가락을 사용하고 있다. 그러나 그 22개 나라 중에서 우리처럼 쇠젓가락을 사용하는 나라는 하나도 없다. 모두들 나무젓가락을 사용하는 것이다. 이게 얼마나 커다란 혜택인지 아는가. 예를 들어 청소년들이 열광하는 스타크래프트라는 게임은 미국에서 만들었지만, 챔피언을 따낸 사람은 한국인이다. 이를 두고 적합도(adaptability)라고 하는데, 말 그대로 누가 만

들었는가가 아니라 누가 더 잘 적응하느냐가 중요하다
는 얘기다. 만약 인터넷이 없다면? 지금은 이 질문에 생
각만으로도 아찔하다고 대답하는 사람이 많을 것이다.

적합도에서 우리가 유리한 분야가 또 있다. 그것은 바
로 양궁이다. 사람들은 흔히 양궁을 우리나라가 만든 게
임으로 알고 있지만 사실은 스코틀랜드에서 만들어진
것이다. 그런데 신기하게도 양궁 하면 대한민국을 떠올
릴 만큼 양궁 시합의 메달은 항상 우리가 휩쓸고 있다.
그 이유가 뭘까? 그것은 바로 집중력과 손가락 민감도에
서 뛰어나기 때문이다. 한 연구 결과에 따르면 동양 3국
아이들의 집중력은 서양 아이들보다 무려 15퍼센트나
높다고 한다.

어쨌든 중국의 등장과 인터넷 혁명은 한국의 미래가
선진국을 쫓아가는 데 15년 이상을 앞당겨줄 것이다. 그
러므로 2020년에서 길게 잡아 2025년이면 현재 전 세
계 230개 나라에서 29등을 하고 있는 한국은 5~7등으
로 성큼 나아갈 것으로 보인다. 지금 전 세계 7개 나라

한국 경제의 대안
왜 네트워크 마케팅인가

의 순위는 미국, 일본, 영국, 독일, 프랑스, 이탈리아, 캐나다이다. 모두 선진국에다 우리가 늘 가보고 싶어 하는 나라들이다. 그러나 2020년이나 2025년이 되면 그 순위는 미국, 중국, 인도, 러시아, 일본, 한국, 그리고 그 밑에 영국, 독일, 이탈리아, 캐나다로 바뀔 것이다. 우리가 그토록 부러워하는 영국과 프랑스, 이탈리아, 캐나다가 우리 뒤로 밀려난다는 얘기다. 한마디로 한국은 가능성이 무궁무진한 나라다.

세 개의
선진국 신드롬

30년 전만 해도 누군가가 캐나다나 호주로 애들을 유학 보낸다고 하면 나는 "그래, 얼른 보내라"라고 말했다. 하지만 요즘에는 캐나다나 호주로 애들을 보내겠다고 말하면 손을 꼭 붙잡고 얘기한다.

"다시 한 번 잘 생각해 보도록 하라구!"

2020년이면 우리나라가 그들보다 앞서는 나라가 되는데 굳이 그런 곳으로 애들을 고생시켜 가며 보낼 이유가 어디 있는가? 그것은 애들의 미래를 향상시키는 것이 아니라 잘못하면 오히려 망쳐놓는 꼴이 될 수도 있기 때문이다. 내가 무엇보다 이해하기 힘든 사람들 중 하나가 미국으로 원정 출산을 떠나는 산모다. 이 땅에서도 얼마든지 기회가 충만한데 굳이 그런 모험을 하면서까지 미국 시민권을 따낼 필요가 어디 있는가? 사실 나는 미국 시민권도 포기하고 돌아왔다.

한국의 미래와 경제의 커다란 흐름을 모르면 시대를 역행하기 십상이다. 현실은 한국이 분명 선진국이 될 것이고 더불어 네트워크마케팅 사업이 가파른 상승세를 탈 것임을 보여주고 있다. 문제는 시간이 흐를수록 세 개의 선진국 신드롬에 빠져 허우적대는 사람이 늘어날 거라는 점이다.

첫째, 상대적 빈곤감이 커진다. 이것은 사람의 피

를 말리는 일이다. 앞으로는 절대적 빈곤감이 아니라 상대적 빈곤감이 사람들을 괴롭힐 것으로 보인다. 사실 우리 중에는 과거 30년 전보다 못 먹고 못 사는 사람이 드물다. 그런데도 사람들은 상대적 박탈감이나 소외감에서 벗어나지 못하고 있다. 이것은 자신의 과거와 현재를 비교하는 것이 아니라, 옆집과 자신을 비교하기 때문에 나타나는 증상이다. 옆집은 45평으로 이사를 가는데 나는 계속 30평에서 살아야 한다면 얼마나 배가 아픈가. 옆집 애들은 방학마다 해외연수를 보내느라 난리인데 우리 애는 보내지 못하면 얼마나 가슴이 찢어지는가.

이럴 때 나타나는 상대적 빈곤감에는 약도 없다. 이에 따라 미국에서는 이미 30년 전부터 아빠는 물론 엄마까지 나서서 돈을 벌고 있다. 아무리 채워도 끝이 없는 상대적 빈곤감을 해소하겠다고 부부 모두가 아침 일찍부터 저녁 늦게까지 일에 매달리고 있는 것이다.

둘째, 평생직장이 사라진다. 선진국으로 갈수록 평생직장은 기대하기 어렵다. 이것은 철밥통으로 알려진

공무원도 마찬가지다. 설사 능력 있는 사람을 뽑았더라
도 그 사람이 자기계발을 하지 않아 시간이 흐를수록 뒷
사람에게 밀린다면 당연히 교체를 해야 하지 않겠는가.
능력 없는 공무원이 자리를 깔고 앉아 있으면 나라나 국
민을 위해 하등 득이 되지 않는다.

이젠 대학교수도 실적이 없으면 옷을 벗어야 하는 시
대다. 한국에는 4년제, 2년제 포함해서 모두 330여개의
대학이 있는데 대학을 일반 기업으로 봤을 때 그들이 생
산해 내는 제품, 즉 학생들이 요즘 제대로 팔려나가지
못하고 있다. 그렇다면 가르치는 방식에 뭔가 변화를 주
고 능력이 부족한 교수는 교체를 해서라도 우수한 교육
여건을 제공해야 한다.

실력 없는 사람들이 교단에 서 있으면 교육의 질은 더
이상 나아질 수 없다. 같은 맥락에서 전교조 선생님들이
교원평가제를 거부하는 것이나 철밥통을 고수하려는 것
은 잘못된 행동이다. 교사들 중에도 애를 키우는 사람이
많을 텐데 나는 그들에게 한번 물어보고 싶다.

"똑같은 돈 주고 좋은 교사 밑에서 가르치고 싶은가, 아니면 실력 없는 교사에게 맡기고 싶은가?"

이 물음에 대한 대답은 한국의 교사들이 누구보다 앞장서서 자녀들을 해외로 유학 보낸다는 통계가 잘 보여준다.

셋째, 초고령시대가 열린다. 혹시 운 좋게 버텨서 58세에 직장을 그만둔다면 그 이후에는 대체 무엇을 하면서 보낼 생각인가? 선진국으로 갈수록 수명은 길어지는데 할 수 있는 일은 대폭 줄어든다. 경비든, 수위든 하겠다고 할 수도 있지만 요즘은 그것도 치열해서 80세가 넘으면 그 일을 찾기가 힘들다. 그러면 90세, 100세까지 무엇을 할 참인가?

이것은 결코 남 얘기가 아니다. 한국은 분명 선진국으로 갈 것이고 우리는 상대적 빈곤감에 시달리며 평생직장이 사라진 사회에서 길어진 수명을 원망하며 살아갈지도 모른다. 그것이 15년, 20년 후의 우리의 모습이다. 꼭 그곳까지 가봐야 정신을 차릴 텐가, 아니면 지금부터라도 뭔가 준비를 할 텐가? 이제라도 선진국으로 갈수록 자살률이 높은 이유를 따져보며 꼼꼼히 우리의 미래를 대비해야 한다.

위기 극복의
대안

한국 경제의 대안
Network Maketing

5

위기 극복의
대안

　오래 전에 우리보다 먼저 선진국이 된 나라에 사는 사람들은 대체 어떤 식으로 대안을 마련했을까? 어떤 일이든 100퍼센트 긍정적인 것은 없으므로 분명 부정적인 부분에 대해 나름대로 여러 가지 대안을 생각했을 것이다. 과연 그들이 가장 좋은 대안으로 선택한 것은 무엇일까? 그러면 지금부터 사람들이 보통 위기 극복의 대안이라고 생각하는 것을 하나하나 살펴보자.

대안 중의
대안 찾기

첫째, 부모를 잘 만난다. 많은 유산을 물려받으면 젊어서 고생을 사서 한 끝에 골병을 얻을 이유가 없다. 재벌 2세는 그야말로 엄청난 복을 타고난 사람이다. 그렇다고 그들이 존경을 받는 것은 아니지만, 부러움은 받는다. 문제는 대다수의 사람이 유산과 거리가 멀다는 데 있다. 따라서 많은 사람에게 유산은 위기 극복의 대안이 될 수 없다.

둘째, 평생직장이 아닌 직업을 갖는다. 평생 대를 물려서 할 수 있는 일을 찾으라는 얘기다. 그 대표적인 직업이 바로 네트워커다. 나는 미국에서 3대째 네트워크마케팅 사업을 하는 사람을 만나기도 했다. 뉴욕대학 로스쿨을 나온 마이클이라는 친구가 할아버지대부터 시작한 A사의 네트워크를 그대로 물려받아 사업을 진행했던 것이다. 하도 싱글벙글하기에 내가 물어보았다.

"마이클, 그 사업이 그렇게 좋냐?"

"이 박사님, 제가 변호사 해서 버는 돈보다 우리 할아버지 때부터 묻어 놓은 이 파이프라인에서 나오는 돈이 더 많아요."

"파이프라인이라고?"

"네, 이것만 있으면 수도꼭지처럼 그냥 틀기만 하면 돼요. 대를 이어 돈 걱정 없이 살 수 있죠."

요즘 선진국의 의사, 변호사, 공인중개사, 공인회계사처럼 번듯한 직업을 갖고 있는 사람들이 자꾸만 네트워크마케팅 사업을 하려는 이유가 무엇인지 아는가? 그것은 무엇보다 상황이 변했고 나아가 네트워크마케팅이 파이프라인 사업, 꿈을 실현해 주는 사업, 사이드잡이나 더블잡으로 가능한 사업인 터라 자신에게 유리하다고 판단하는 인텔리가 늘어났기 때문이다.

앞으로는 한국에서도 선진국과 마찬가지로 의사, 변호사, 계리사 같은 사람들이 네트워크마케팅을 선택하는 비율이 높아질 것이다. 다른 일은 아무리 열심히 해봐야

1년에 1억 원 벌기도 힘들지만 네트워크마케팅은 5년이든 10년이든 꾸준히 파고들면 파이프라인에서 수백 명, 아니 수천 명이 함께 일하면서 그 정도 수입을 올릴 수 있다는 이점이 있기 때문이다.

셋째, 이민을 간다. 노르웨이나 핀란드처럼 '요람에서 무덤까지' 사회보장이 철저한 나라로 가버리면 된다. 물론 말처럼 쉽지는 않겠지만 말이다. 사실 한국은 노후를 위한 대안이랍시고 국민연금제도를 시행하고 있는데 거기에 희망을 거는 사람은 별로 없는 것 같다. 나만 해도 현재 국민연금을 꽤 많이 내는 축에 끼지만 나중에 얼마나 나오느냐고 물었더니 한 달에 108만 원이라고 했다. 과연 내가 노후에 그 돈으로 살아갈 수 있을까? 내가 내린 결론은 이것이다.

"국민연금 갖고는 안 돼!"

이제라도 우리는 미래를 준비해야 한다. 무엇인지는 모르겠지만 준비를 해야 선진국이 되어도 상대적 빈곤감에 시달리지 않고 평생직장이 없어도 떳떳이 살아갈 수 있다. 그리고 오래 살면서 참살이를 누릴 수 있다.

파이프라인을
구축하라

유산도 없고 연금에 기댈 수도 없다면 결국 파이프라인을 구축하는 수밖에 없다. 이를 증명하듯 미국의 신흥 부자 명단에서 가장 많은 비중을 차지하고 있는 부류는 단연 1인 기업가, 즉 네트워커다. 실제로 나는 한국에서 1년에 가장 많이 버는 사람이 43억 원을 가져가는 것도 보았다. 그는 바로 한국에서 첫 번째로 네트워크마케팅 사업을 시작한 사람이다. 내가 만약 미국에서 만난 바이어의 권고를 받아들여 한국의 첫 번째 네트워커가 되었다면 어땠을까? 아쉽게도 버스는 이미 떠났다.

물론 그 정도로 수익을 올리는 것은 결코 쉬운 일이 아니다. 무엇보다 사람들은 전체적인 트렌드를 읽어내지 못한다. 탓에 그들은 색안경을 끼고 세 손가락이 자신을 향하고 있는지도 모르고 네트워커를 향해 손가락질을 한다. 여기에 네트워크마케팅을 하면 금세 벼락부자가 되는 줄 알고 착각하는 사람이 있다. 그런 사람을 만나면 나는 두 손 꼭 잡고 말한다.

"그렇게 쉽게 돈을 벌 수 있는 일이 있으면 나에게 가르쳐줘요. 나도 한번 해봅시다."

세상에 투자하지 않고 돈을 벌 수 있는 일이 어디 있는가? 어떤 사람은 나에게 이렇게 묻는다.

"이 교수는 1년에 얼마나 벌어?"

나는 늘 호탕하게 말한다.

"많이 법니다."

"젊은 사람이 그렇게 많이 번다니 참 좋겠어."

그러면 내가 뭐라고 하는 줄 아는가?

"그건 내가 초등학교 때부터 대학교, 대학원, 박사 과정까지 공부하고 이후에 30년간 전 세계를 빡세게 헤매고 다닌 결과입니다. 도깨비 방망이를 두드리듯 어느 날

갑자기 나타난 결과가 아니에요."

돈 버는 것은 정말 쉬운 게 아니다. 결코 쉽게 생각해서는 안 된다. 이것은 네트워크마케팅 사업도 마찬가지다. 지금부터 서서히 수도관을 묻겠다는 자세로 남들이 일요일에 나가서 골프 치고 술 먹고 놀 때 개미처럼 파이프라인을 놓아야 한다. 그러면 아무리 엄동설한이 닥쳐와도 따뜻한 구들장에 앉자 수도꼭지만 틀면 등 따습고 배불리 먹으며 살아갈 수 있다.

그게 바로 이 세상에서 가장 뛰어난 상승 곡선을 그리며 성장하고 있는 네트워크마케팅 사업이다. 네트워크마케팅 외에 이런 사업이 있으면 어디 한번 말해 보라.

물론 책을 써서 인세를 받는 것도 파이프라인을 놓는 일이다. 나 역시 인세로 꽤 짭짤한 액수를 벌어들이고 있다. 내가 일을 하든 하지 않든 상관없이 그것은 파이프라인을 통해 졸졸 들어오는 돈이다. KBS 라디오 해피FM을 10년 진행했던 한 작곡가는 노래방 덕분에 한 달에 천만 원 이상씩 수익을 올린다고 한다. 노래방에서 그가 작곡한 곡이 한 곡 나갈 때마다 작곡가와 작사자, 가수에게 돌아가는 인세가 있기 때문이다.

중요한 것은 많은 사람이 그들이 인세를 받기까지 들인 노력과 시간을 간과한다는 점이다. 모두들 어느 날 뚝딱 하늘에서 떨어졌다고 생각한다는 얘기다. 그들에게도 배고프고 라면으로 끼니를 때우던 시절이 있었다는 것에 대해서는 누구도 생각하지 않는다. 그렇기 때문에 나는 네트워크마케팅 사업을 하는 사람들에게 이렇게 말한다.

"이 사업은 정말로 기막힌 비전을 품고 있는 사업이다. 하지만 이건 마라톤 사업이다. 파이프라인을 깔려면 분명 시간이 필요하다. 달콤한 말로 속삭이며 최단기간에 벼락부자가 될 수 있다는 식의 말에 현혹되어서는 절대 안 된다. 세상에 때려죽여도 그런 일은 일어나지 않는다."

달콤한 속삭임에 넘어가는 사람들은 대개 불법 피라미드에 속아 재산을 날리고 땅을 치며 후회한다. 세상에

공짜가 어디 있다고 그런 속삭임에 넘어가는가?

네트워크마케팅은 분명 비전이 있다. 전 세계적으로 60년 넘게 성장세를 이어온 엄청난 유통 구조이기 때문이다. 무엇보다 대를 물려서 할 수 있다는 장점이 있는데다 한국에서는 이제 도입 발전기에서 성장 팽창기로 나아가고 있다.

반쯤 죽겠다는 자세로 덤벼들어라

네트워크마케팅 사업의 가장 큰 특징은 무엇일까? 그것은 돈이나 점포 없이 사이드잡, 더블잡으로 하던 일을 계속하면서 할 수 있다는 점이다. 예를 들면 공인중개사든 공인회계사든 아니면 의사든 현재 하고 있는 일을 그만두지 않고 부업의 개념으로 시작할 수 있다.

하긴 찾아보면 자기 직업을 그대로 유지하면서 저녁에

부업으로 할 수 있는 일이 꽤 있다. 예를 들어 대리운전, 노래방 도우미, 서빙 등이 있지만 이러한 일은 파이프라인을 구축할 수 없다. 그냥 물통 사업일 뿐이다. 물을 떠다 놓고 그것이 떨어지면 그만이다. 의사나 변리사, 변호사, 대학교수 역시 물통 사업이다. 수도꼭지가 없기 때문이다.

네트워크마케팅 사업 외에 돈이나 점포 없이 사이드잡, 더블잡으로 할 수 있고 파이프라인을 구축해 유산으로 물려줄 수 있는 사업은 없다. 그렇기 때문에 미국에서 수많은 사람이 그처럼 열광적으로 이 사업을 키워온 것이다.

그렇다고 네트워크마케팅 사업에 대해 파라다이스 같은 환상을 품어서는 안 된다. 환상에 사로잡히면 분명 이 사업을 선택했다가 중간에 그만두고 만다. 나는 이쯤에서 중간에 그만두는 사람들에게 한마디 하고 싶다.

"노력하지도 않고 돈을 벌려고 하는 것은, 다시 말해 파이프라인을 묻지도 않고 수도꼭지에서 돈이 나오기를 바라는 것은 도둑놈 심보다."

한 가지 장담할 수 있는 것은 네트워크마케팅은 노력한 만큼 공평하게 대가를 지불한다는 것이다. 그렇기 때문에 누가 더 빨리, 오랫동안 열심히 하느냐에 따라 수도꼭지가 6개월이나 1년 만에 열리기도 한다. 물론 10년이 걸려도 열리지 않는 사람도 있다. 매일 시계추처럼 왔다 갔다 하기만 하면서 사업을 등한시하면 수도꼭지는 100퍼센트 열리지 않는다. 이러한 특징을 누구보다 잘 알고 있는 터라 나는 사업을 다시 시작하거나 이제 처음으로 하려는 사람에게 이런 부탁을 하고 싶다.

"한국은 선진국으로 갈 것이고 더불어 네트워크마케팅은 폭발적으로 성장한다. 한국의 미래 비전이 실현되면서 네트워크마케팅 사업은 성장 팽창기로 가게 되는 것이다. 이러한 기회를 잡아 성공하려면 다른 모든 사업과 마찬가지로 반쯤 죽겠다는 자세로 임해야 한다. 여러분이 반쯤 죽겠다는 자세로 일을 진행하면 네트워크마케팅은 그 몇 배로 여러분을 살려낼 것이다."

네트워크마케팅을 한다고 모두가 돈을 버는 것은 아니다. 정말로 이 악물고 자신의 모든 것을 걸어야 한다. 학교 다닐 때 보면 공부를 잘하는 학생은 둘 중 하나다. 하나는 머리가 기가 막히게 좋은 사람으로 타고난 천재형이다. 지지리도 복이 없는 나는 하필 중·고등학교 때 그런 친구를 만나서 전교 1등을 한 번도 못해 봤다. 여러분이나 나처럼 평범한 사람이 공부를 잘하는 방법은 딱 한 가지밖에 없다. 어떻게 해야 할까? 반쯤 죽겠다는 자세로 공부 잘하는 사람 잘 쳐다보고 잠 덜 자면서 예습과 복습을 철저히 하면 된다.

마찬가지로 사업에서 성공하는 사람도 둘 중 하나다. 하나는 타고난 사람으로 대표적인 인물이 삼성의 고 이병철 회장과 현대의 고 정주영 회장이다. 이들은 엄청난 센스를 타고난 인물로 박사학위자 100명이 와서 브리핑을 해도 그들의 날카로운 지적을 당해내기 힘들다. 이런 인물은 10만 명 중에서 1명이 나올까 말까이다. 그렇기 때문에 '그 사람이 해냈다면 나도 할 수 있어' 라고 쫓아

한국 경제의 대안
왜 네트워크 마케팅인가

서 하다가는 쪽박 차기 십상이다.

우리네 보통사람이 사업에서 성공할 수 있는 방법은 딱 한 가지다. 그것은 네트워크마케팅에서 말하는 스폰서, 즉 최고 직급자가 어떻게 그 자리에 빨리 갔는지 연구 검토하고 시간을 최대한 아껴 반쯤 죽겠다는 자세로 쫓아가는 것이다. 그렇게 죽어라고 전진하면 무조건 된다. 이것이 삼라만상의 원리다. 그럼에도 실패자가 나오는 이유는 하지 않거나 못하거나 비겁하게 피하기 때문이다. 무덤가에 가보면 인골보다 더 많은 것이 무수한 변명이다. 하지 않을 이유를 찾는 대신 해야 하는 이유를 찾아라.

자, 치열하게 전개되는 삶의 현장에서 성공자로 자리매김한 이들은 기회를 그저 바라보기만 했던 것이 아니다. 네트워크마케팅이든 무엇이든간에 성공하느냐 마느냐 하는 것은 개인의 마음에 달려있다. 그것을 "습관화"라 정립하고자 한다. 다음 장에서 이 "습관화"에 대하여 알아보자.

한국 경제의 대안

왜 네트워크 마케팅인가

6

개인의
성공 습관

한국 경제의 대안

Network Maketing

개인의
성공 습관

인생의 계획을 바꾸는
세 가지 토대

　지금까지 수많은 사람을 만나면서 느낀 것 중 하나는 성공 방법을 알면서도 왜 그렇게 해야 하는지 명확한 이유를 알지 못해 실천에 옮기는 비율이 낮다는 것이다. 이 경우에는 왜 하나하나를 바꾸지 않으면 성공하기 어려운지 정리해 볼 필요가 있다.

성공하려면 지금까지 살아온 방법을 반성하고 앞으로 어떻게 성공할 것인지 생각해 봐야 한다. 이때 무엇보다 중요한 것은 현재 위치를 명확히 파악하고 앞으로 나아갈 계획을 세우는 것이다. 누구나 성공을 원한다. 하지만 성공에 이르는 사람이 적은 이유는 성공 방법을 모르거나 성공 방법을 알더라도 실천하지 않기 때문이다.

여기서 말하는 실천이란 자신이 지금까지 해오던 방식을 바꾸는 것을 말한다. 다시 말해 습관을 변화시켜야 하는데 대부분의 사람이 기존의 습관을 버리지 못한 상태에서 새로운 것을 해내려고 하다가 실패하고 만다. 정말로 성공을 원한다면 다음의 세 가지를 고려하면서 인생의 계획을 바꿔볼 필요가 있다.

첫째, 일찍 일어나는 습관을 들인다. 생활모드를 바꾸면 성공 확률이 높아지는데, 특히 낭비되기 십상인 아침시간을 효율적으로 활용하면 엄청난 시간을 벌 수 있다. 하루에 1시간만 일찍 일어나도 일주일에 7시간이고, 한 달이면 30시간, 일 년이면 365시간이다. 만약 5

시간에 책을 한 권 읽는다고 하면 365시간에 책을 70권이나 읽을 수 있다. 결국 인생을 마라톤으로 봤을 때 하루의 아침을 어떻게 출발하느냐는 42.195킬로미터의 기록을 단축시키느냐 그렇지 못하느냐로 귀결된다.

"일찍 일어나는 새가 더 많은 모이를 먹는다"는 것은 만고불변의 법칙이다. 만약 직장인이 일찍 일어난다면 무엇보다 출근시간이 달라진다. 그러면 9시에 출근하는 사람과 7시에 출근하는 사람을 비교해보자. 7시에 출근하는 사람은 9시에 출근하는 사람보다 시간적 여유가 더 있기 때문에 자기계발에 시간을 투자해 경쟁력을 높일 수 있다. 특히 남들에게 방해받지 않고 사색할 수 있는 시간을 확보할 수 있다. 과학적인 통계에 따르면 방해받지 않는 1시간은 남들과 함께 일하는 2~3시간에 해당된다고 한다. 더구나 집중력이 뛰어나기 때문에 효율성 면에서 대단히 소중하다.

설사 30분 일찍 출발하더라도 아침의 30분은 '그까짓 30분'이 결코 아니다. 아침에 일찍 일어나는 것은 도저히 불가능하다고 생각될지라도 한번 도전해 보라. 바이오리듬은 노력을 통해 얼마든지 극복할 수 있다. 바이오리듬은 만들어지는 것이지 결코 타고나는 것이 아니다.

또한 아침에 일찍 출근하면 도심의 러시아워에 걸리지 않아 출근 시간을 단축하는 효과도 있다. 나아가 주변 사람들에게 부지런하다는 이미지를 남겨 신뢰를 얻게 된다.

둘째, 약속을 잘 지킨다. 약속은 신뢰를 쌓는 대단히 소중한 일인데도 사람들은 약속을 너무 가볍게 생각하는 경향이 있다. 약속에는 두 가지가 있는데 하나는 시간에 대한 약속이고, 다른 하나는 말에 대한 약속이다. 먼저 시간 약속은 어떤 일이 있어도 지켜야 하며 피치 못할 사정이 생기면 사전에 알려주어야 한다. 그렇지만 사람들은 시간 개념이 불투명하거나 '뭐, 이 정도쯤이야' 하는 안이한 생각으로 약속을 쉽게 어기고 만다. 또한 늘 시간에 쫓기느라 약속을 소홀히 하기도 한다. 그러나 어떤 경우든 약속을 지키지 않으면 상대방으로

한국 경제의 대안
왜 네트워크 마케팅인가

부터 신뢰감을 상실하기 때문에 정작 중요한 순간에 큰 타격을 받을 수도 있다.

가능한 한 약속시간 30분 전에 도착할 수 있도록 미리 출발하라. 거리가 멀수록 시간을 넉넉히 잡고 출발해야 한다. 약속시간에 30분 먼저 도착하라고 하면 어떤 사람은 이렇게 묻기도 한다.

"왜 30분 먼저 가서 시간을 손해 봅니까?"

이것은 결코 손해 보는 일이 아니다. 30분 전에 미리 가면 자기 시간을 잃는 것이 아니라 오히려 얻는 것이 더 많다. 특히 상대에게 신뢰감을 주는 동시에 30분의 소중한 자투리 시간을 활용해 책을 보거나 마음의 여유를 갖고 만남을 대비할 수 있다.

말에 대한 약속 역시 매우 중요하다. 한번 내뱉은 말은 반드시 지키려고 노력해야 하는 것이다. 우리는 흔히 지나가는 말로 "언제 밥 한번 먹읍시다"라거나 "술 한 잔 하자"라고 하지만, 사실 이런 식의 인사는 그리 좋은 습관이 아니다. 그 말을 들은 사람이 기대를 하고 있는데 아무런 연락이 오지 않으면 실망하기 때문이다. 따라서 지킬 수 없는 빈말이라면 아예 내뱉지 않는 것이 낫다. 약속을 지키는 습관은 큰 사람이 되기 위한 소중한 습관이다.

셋째, 자기관리를 철저히 한다. 자기관리에는 여러 가지가 있지만 여기에서는 무엇보다 건강관리를 강조하고 싶다. 사람마다 타고난 체질이나 건강상태가 다르긴 하지만 지금부터라도 자기 몸을 좀 더 강건하게 만들려면 건강관리를 해야 한다. 평소에 건강관리를 하면 설사 어려움에 빠지더라도 그것을 헤쳐 나오는 것이 굉장히 빨라진다.

예를 들어 자동차는 제때에 오일을 교환해 주고 필요한 부품도 갈아주어야 한다. 똑같은 날에 출고된 자동차일지라도 정기점검을 제대로 받은 차는 그렇지 않은 차보다 수명이 길다. 우리 몸도 마찬가지다.

건강관리는 크게 두 가지로 나눠 생각해 볼 수 있다. 하나는 신체적 건강으로 내가 권하고 싶은 것은 아침마다 시간을 정해 놓고 30분간 자신에게 맞는 운동을 하는 것이다. 걷기나 조깅, 뒷산에 오르기 등 어떤 것이든 가벼운 유산소 운동은 건강한 신체를 유지하는 데 큰 도움이 된다. 다른 하나는 매일 빠짐없이 운동을 하라는 것이다. 생각이 날 때만 하면 습관화하기 어렵다.

한 가지 덧붙이고 싶은 것은 신체적 건강에 더해 정신적 건강을 얻기 위해 매일 운동을 하면서 마음속으로 스스로를 반성하고 자신에게 긍정적인 말을 들려주라는 것이다. 그러면 운동과 동시에 매일 스스로를 깨울 수 있도록 자신과 대화할 수 있는 시간을 갖게 된다.

스스로를 더 강하고
유능하게 만드는 습관

스스로를 더 강하게 만드는 것은 물론 보다 유능하게 만들 수 있는 습관에는 어떤 것이 있을까?

첫째, 책을 읽는다. 세상 돌아가는 것을 이해하고 많은 지식을 함양하며 지혜를 쌓는 데 책보다 더 훌륭한 도구는 없다. 그러므로 가능하면 일주일에 한 권 정도는 읽는 것이 바람직하다. 매일 일정한 시간을 정해 놓고 책을 읽거나 자투리 시간을 활용하는 것도 훌륭한 방법이다. 책 읽는 습관을 들이려면 무엇보다 책 읽는 시간을 정해 놓는 것이 좋지만, 그것이 어렵다면 자투리 시간이라도 활용하기 위해 늘 책을 갖고 다녀야 한다.

내 독서 습관은 비교적 간단하다. 먼저 일주일에 한 권씩 읽을 계획으로 한 달의 마지막 주 주말에 무조건 책을 4권 구입한다. 그리고 월요일에 출근할 때 첫 번째 책을 꺼내 읽다가 들고 나간다. 그렇게 해서 일주일간

틈틈이 책을 읽다가 다 못 읽었을 경우에는 일단 읽은 곳까지 표시해 두고, 머리말과 차례를 살펴본 다음 그 책을 책꽂이에 꽂아둔다.

둘째 주 월요일에는 두 번째 책을 꺼내들고 똑같은 과정을 반복한다. 이렇게 일주일마다 책이 바뀌면 설사 책 내용을 모두 읽지 못했을지라도 어느 정도 내용은 파악할 수 있다. 이것이 습관화하면 1년에 50권, 10년이면 500권을 읽을 수 있다.

책 읽는 속도는 시간이 갈수록 빨라지게 되어 있다. 이 세상의 이야기는 모두 새롭긴 하지만 이쪽의 이야기가 저쪽과 연결되고, 저쪽의 내용이 이쪽에서 나오는 경우가 있기 때문에 독서 습관이 붙으면 그런 습관이 없는 사람보다 책 읽는 속도가 2~3배 빨라진다.

어떤 책을 읽어야 하는지 고민스럽다면 4권 중에서 한 권 정도는 전문서적, 즉 자기 분야의 전문적인 이야기가 담긴 것을 읽고 나머지는 사회, 문화, 소설 등을 골고루 읽는 것도 좋다. 독서는 지식과 지혜를 얻게 해주고 폭

넓은 상식과 지식을 근거로 올바른 의사결정을 하도록 도와주는 성공의 밑거름이다.

둘째, 경제 신문을 읽는다. 구구단을 외워야 수학문제를 빨리 풀 수 있는 것처럼 부자가 되려면 경제 흐름을 잘 알아야 한다. 경제 흐름을 무엇보다 잘 보여주고 경제적 지식을 쌓게 해주는 것이 바로 경제 신문이다. 특히 리더십을 발휘하려면 경제 흐름을 잘 알아야 한다.

미래학자 앨빈 토플러는 하루에 6시간을 투자해 매일 전 세계 주요 국가의 신문을 읽고 있는데, 이를 통해 그는 그 국가의 발전 및 흥망성쇠를 예측한다. 이는 신문이 우리에게 얼마나 소중한 정보원인가를 알게 해준다.

경제 신문을 읽으라고 하면 사람들은 대개 경제 용어가 어렵다고 하소연하는데, 사실은 용어가 어렵다기보다 어렵게 생각하기 때문에 그런 현상이 나타나는 것이다. 가장 작은 경제 형태는 스스로 돈을 벌어 쓰고 남는 것을 저축해 불려가는 것이다. 그것을 좀 더 확대하면 기업이라는 개념이 나오고 그 모든 것을 합쳐 국민 경제가 되는 것이므로, 자기를 중심으로 하나의 가정 경제를 곰곰이 생각해 보면 국가 경제나 세계 경제가 흘러가는 것을 이해하는 데 그리 어려울 것이 없다.

특히 용어라는 것은 변화하는 것이 아니므로 모르는 것이 나올 때마다 기록해 두고 확인하는 작업을 1년 정도만 하면 경제 신문에 나오는 대다수의 용어를 파악할 수 있다.

셋째, 공부하는 습관을 들인다. 한 분야에서 최고의 전문가가 되면 부와 명예는 저절로 따라오게 마련이므로 자기 분야를 연구하는 습관을 기르라는 얘기다. 법률 계통에서 최고 전문가가 됐을 때 변호사, 판사, 검사가 되고 회계 계통에서 최고 전문가가 됐을 때 최고의 회계사가 되듯 각 분야에서 최고가 되려는 공부 습관은 중요한 성공 습관이다. 성공하는 사람은 남보다 시간을 아껴 쓰고 자투리 시간을 활용해 공부한다.

나는 항상 오디오북을 갖고 다니면서 기회가 될 때마다 어학이든 전문분야든 끊임없이 들으라고 강조한다.

그렇게 이동하는 시간은 자칫 흘려버리기 십상이지만 사실은 집중력이 뛰어난 소중한 시간이기 때문이다. 출퇴근 시간에 버스를 탈지라도 워크맨이나 MP3를 활용하면 훌륭한 공부 습관을 들일 수 있다.

이 세상은 죽을 때까지 공부할 것이 쌓여 있는 곳이다. 그런 것은 우리가 얼마나 잘 활용하는가에 따라 큰 사람 혹은 성공자가 되는 데 중요한 씨앗이 될 수 있다.

넷째, 인격을 함양한다. 인격을 함양하려면 먼저 마음을 갈고닦아야 한다. 내가 권하고 싶은 가장 좋은 방법은 명상의 시간을 갖는 것이다. 하루에 단 10분이라도 명상하는 시간을 내 스스로를 돌아보라. 스스로에 대한 반성 없이 남을 포용하고 잘 이끌 수 있는 인격을 닦을 수는 없다. 명상을 하면 하루하루가 맑아지고 스스로가 더욱 깨끗해지면서 남을 좀 더 포용할 수 있게 되고, 무엇보다 맑은 정신으로 일할 수 있다.

매일 수양하듯 나름대로 반성하는 시간을 갖는 습관은 우리가 성공자로서 혹은 인격적 리더로서 사회적으로 모범이 되는 사람이 되는 데 대단히 소중한 경험이다. 남에게 잘못한 일이 있을 경우, 설사 그 사람 앞에 나서지 않을지라도 스스로 반성하면 마음이 청결해진다. 그리고 이처럼 마음을 갈고닦으면 그 눈빛이 상대방에게도 전달된다.

습관은 하루아침에 이뤄지는 것이 아니므로 좋은 습관을 들이려면 6개월에서 1년간 하루도 빠짐없이 매일 실천하는 노력이 필요하다. 새로운 습관을 시작할 때 처음의 3일, 즉 72시간이 가장 견디기 어려운 첫 번째 관문이라고 한다. 어떤 습관이 완전히 뿌리를 내리려면 똑같은 시간에 매일 반복해야 그것이 뇌와 근육, 생각, 몸에 각인된다.

여러분이 알다시피 세계적인 운동선수들은 모두 끊임없이 연습을 한다. 예를 들어 최경주 선수는 하루에 공을 3,000개 이상 치는 연습을 한다고 한다. 보통사람이 골프연습장에서 아무리 많이 쳐봐야 500개 정도라는 것을 감안하면 매일 3,000개씩 친다는 것은 엄청난 양이라고 할 수 있다. 운동선수들이 그토록 많은 양의 연습을 하는 이유는 자기 근육과 정신에 각인시키기 위해서다. 그것은 한마디로 습관화 과정이다.

만약 지금 잘못된 습관이 있다고 생각한다면 그것을 바꿔야 한다. 생각이 바뀌면 행동이 바뀌고 행동이 바뀌면 습관화하게 마련이다. 그리고 일단 습관화하면 삶의 질이 바뀌면서 인생이 바뀌게 된다. '나는 왜 이렇게밖에 살지 못하는가?'라는 생각이 든다면 혹시 잘못된 습관과 각인된 체질 때문에 비뚤어진 삶을 살고 있는 것은 아닌지 돌아봐야 한다. 중요한 것은 우리가 지금부터 살아갈 미래다. 지나간 과거는 잊고 지금부터 뿌리는 씨앗이 5~10년 후에 나를 새롭게 만든다는 자세로 새로운 습관화에 돌입해야 한다.

습관화를 위한
몇 가지 Tip

내가 개인적으로 권하고 싶은 습관화 요령을 몇 가지 소개하고자 한다.

❖ 자신에게 부족한 습관에 대해 반성한다. ❖

자기 것을 합리화하지 말고 있는 그대로 백지에 나열해 본다. 내 습관 중에서 잘못된 것과 좋은 것을 나열하고, 먼저 잘못된 것을 반성하는 동시에 좋은 것을 칭찬한다. 나아가 미래 습관을 어떻게 바꿀 것인지 계획을 세운다.

❖ 계획을 시각화한다. ❖

머릿속으로만 생각하는 것이 아니라 여러 가지 습관의 정확한 핵심을 적어 책상 앞에 붙여놓는다. 예를 들면 정확한 기상시간, 약속을 지키기 위한 실천계획, 자기관리 내용 등을 늘 볼 수 있는 곳에 붙여두는 것이다.

✦ 매일 자신을 점검할 수 있는 시스템을 만든다. ✦

만약 매일 하는 것이 어렵다면 일주일에 한 번꼴로 자신이 세운 습관이나 변화에 대한 목표를 제대로 수행하고 있는지 확인해야 한다. 정기적으로 점검하지 않으면 앞에서 만든 목표나 시각화는 모두 쓰레기가 되고 만다.

습관화를 위해 실천하면서 만약 어려운 일이 생기면 '여기서 쓰러지면 나는 나와의 싸움에서 지는 것이다' 라는 생각으로 마음을 다잡기 바란다. 사람은 후천적으로 훈련을 통해 개선되고 변화될 수 있다. 나 자신을 바꾸겠다는 강한 믿음으로 전진하면 반드시 습관화에 성공할 수 있을 것이다. 습관화는 성공의 강력한 드라이빙 포스, 즉 원동력이다.

네트워크마케팅은 이미 기반이 다져진 유통 방식이며

앞으로는 더욱 안정적으로 발전할 것이다.

참신한 원고를 찾고 있습니다!

도서출판 아름다운사회는 네트워크 마케팅 전문 출판사로서 네트워크 마케팅에 대한 이해와 사업 성공을 도울 수 있는 도서를 출간하고 있습니다. 기존 방식의 네트워크 마케팅 출판방식에 머무르지 않고 디지털 정보화 시대의 새로운 요구와 환경에 맞도록 변화하기 위해서 저희는 많은 노력과 투자를 하고 있습니다.

저희 아름다운사회는 사업의 현장에서 성공의 원리를 터득하고 꿈의 비즈니스를 향해 뛰고 있는 사람들을 위해 실질적으로 도움을 줄 수 있는 원고를 모집하고 있습니다. 자신의 꿈을 펼치기 위해 사업의 기회를 찾거나 사업을 진행중인 사람들을 위한 자기성공과 동기부여, 인간관계, 리더십 등 참신한 원고를 기획중이거나 집필 계획을 가지고 있는 분들은 많은 응모 부탁드립니다.

새로운 세계와 더 나은 미래를 열어가기 위한 기회에 함께하려는 분들의 많은 참여 기대하겠습니다.

 아름다운사회 Beautiful Society

주소 : 서울시 강동구 성내동 446-23
　　　 덕양빌딩 202호 (㉾134-033)
TEL : (02)479-0023　FAX : (02)479-0537
E-mail : assabooks@naver.com
담당자 : 서설 대리

새로운 세계와 더 나은 미래를 열어가는
아름다운사회가 되겠습니다!

한국경제의 대안

왜 네트워크 마케팅인가

1판 1쇄 찍음 / 2009년 11월 18일
1판 7쇄 펴냄 / 2018년 1월 10일

지은이 / 이영권
펴낸이 / 배동선
마케팅부 / 최진균
총무부 / 허선아
펴낸곳 / 아름다운사회

출판등록일자 / 2008년1월15일
등록번호 / 제 2008-1738호

주소 / 서울시 강동구 성내동 446-23 덕양빌딩 202호 ⑨134-033
대표전화 / (02)479-0023 팩스 / (02)479-0537
E-mail / assabooks@naver.com

ISBN 978-89-5793-163-9 03320

값 5,000원

• 잘못된 책은 교환해 드립니다.